中华人文精神读本

珍藏版

入选新闻出版总局向全国青少年推荐的百种优秀图书

入选中宣部、教育部、团中央联合向青少年
推荐的百种优秀图书

入选教育部基础教育课程教材发展中心
中小学图书馆推荐书目

入选中宣部、农业农村部"农民喜爱的百种图书"

入选上海市中小学、幼儿园图书馆(室)图书配置推荐目录

中文繁体字版权输出香港地区
外国人汉语教育选用教材

本书由北京人民广播电台"悦库时光"播讲
扫描下方二维码可收听音频

撰稿人

周雁翎　周志刚　刘军
郭莉　韩文君

中华人文精神读本

珍藏版

上

汤一介 主编

北京大学出版社
PEKING UNIVERSITY PRESS

图书在版编目（CIP）数据

中华人文精神读本：珍藏版. 上 / 汤一介主编. —北京：北京大学出版社，2019.6
ISBN 978-7-301-30515-7

Ⅰ. ①中⋯ Ⅱ. ①汤⋯ Ⅲ. ①中华文化—通俗读物 Ⅳ. ①K203-49

中国版本图书馆CIP数据核字（2019）第091492号

书　　　名	中华人文精神读本（珍藏版）上 ZHONGHUA RENWEN JINGSHEN DUBEN（ZHENCANG BAN）SHANG	
著作责任者	汤一介　主编	
策划编辑	周雁翎	
责任编辑	王　彤	
标准书号	ISBN 978-7-301-30515-7	
出版发行	北京大学出版社	
地　　　址	北京市海淀区成府路205号　100871	
网　　　址	http://www.pup.cn　　新浪微博：@北京大学出版社	
微信公众号	科学与艺术之声（微信号：sartspku）	
电子信箱	zyl@pup.pku.edu.cn	
电　　　话	邮购部 010-62752015　发行部 010-62750672 编辑部 010-62750539	
印　刷　者	涿州市星河印刷有限公司	
经　销　者	新华书店 787毫米×1092毫米　32开本　7.25印张　100千字 2019年6月第1版　2021年4月第3次印刷	
定　　　价	38.00元	

未经许可，不得以任何方式复制或抄袭本书之部分或全部内容。
版权所有，侵权必究
举报电话：010-62752024　电子信箱：fd@pup.pku.edu.cn
图书如有印装质量问题，请与出版部联系，电话：010-62756370

代序

"观乎人文,以化成天下"

汤一介(北京大学教授)

中国传统中,对人文精神和人文教育特别重视。我国古老的经典《周易》说:"观乎人文,以化成天下。"(《贲·彖辞》)意思是说,观察人类文明的进展,就能用人文精神来教化天下。可见我们的老祖宗已经非常重视用人文精神来进行教化了。所谓人文教化,就是用人文精神教化人。那么,人文精神从何而来?照《周易》看,它是在人类历史文化的发展过程中逐渐积累起来的。在我国历史发展中积累了许多用人文精神对人们进行教化的宝贵经验,这些无疑是我们宝贵的财富,应当受到珍视。例如我国伟大的思想家、教育家孔子所说:"德之不修,学之不讲,闻义不能徙,不善不能改,是吾忧也。"不修养德性,不讲究学习,听到符合道义的话而不能跟着做，有了过错而不知、不改过，这些都是孔子所忧虑的。孔子这段话可以说是对我国古代人文教化的很好的总结。我们这个民族的人文精神是什么？我想就是孔子说的要讲道德、讲学问，要使自己的行为符合道义，要勇于改正自己的错误。一句话：受教育，学知识，首先要学会"做人"。

在当今科学技术高度发展的情况下，我们必须注意到，科学技术虽然可以造福人类社会，但也可能严重地危害人类社会。今天，我们可以看到，有些科技的利用（甚至它们的发展）并不都能造福人类，例如克隆"人"的问题，生化武器用于战争，等等。那么，我们应如何引导科技的发展呢？这应该是非常重要的问题。同时，我们还可以看到，由于金钱和不正当权利的诱惑，当前存在着严重的不顾"道义"的乱状，用非常不道德、损人利己的手段"争权夺利"，致使人们失去了理想，丧失了良心，使人类社会成为无序的、混乱不堪的社会。我想，当前我们必须用人文精神来引导人们的思想和行为。那么，什么是人文精神？这可能是个

"仁者见仁，智者见智"的问题。从我国历史来看，孔子的"仁学"也许可以说是一种人文精神的代表。他的"仁学"当然是包含了上面所说的"修德""讲学""徙义""改过"等。但我想，最根本的是要有一种"爱人"的精神。

那么，我们从何处去了解、体会孔子的"爱人"的人文精神呢？我认为，最好的办法是读《论语》。《论语》不仅记载了孔子的言论（他的思想），而且可以从中看到他的为人行事。这里我只想说一点我对孔子"爱人"的人文精神的体会。《论语》记载，樊迟问"仁"，孔子回答说："爱人。"这种"爱人"的思想从何而来？在《中庸》里有孔子的一句话："仁者，人也，亲亲为大。""仁爱"的精神是人自身所具有的，而爱自己的亲人是出发点，是基础。但"仁"的"爱人"精神不能停止于只爱自己的亲人，郭店楚简中说："亲而笃之，爱也；爱父，其继爱人，仁也。"笃实地（实实在在地）爱自己的父亲，这只是爱；扩大到爱别人，这才叫"仁"。又说："孝之施，爱天下之民。"对父母的孝心要放大到爱天下的百姓，才叫"仁"。这就是说，孔子儒家的"仁学"，必须要由"亲亲"（爱自己的亲人）扩大到"仁民"（对百姓有"仁爱"之心）。也就是说，做什么都要"推己及人"，要做到"老吾老以及人之老，幼吾幼以及人之幼"，才叫"仁"。做到"推己及人"并不容易，必须把"己所不欲，勿施于人""己欲立而立人，己欲达而达人"作为"为仁"的准则。如果要把"仁爱"精神推广到整个社会，这就是孔子说的"克己复礼为仁。一日克己复礼，天下归仁焉。为仁由己，而由人乎哉？"有的学者把"克己"与"复礼"解释为平行的两个方面，我认为这不是好的解释。所谓"克己复礼为仁"，是说只有在"克己"（克制自己的私欲）基础上的"复礼"才叫"仁"。

费孝通先生对此有一解释，我认为很有意义，他说："克己才能复礼，复礼是进入社会，成为一个社会人的必要条件。扬己和克己也许是东西文化差异的一个关键。""仁"是人自身内在具有的品德，"礼"是规范人们的社会行为的外在的礼仪制度，它是为了调节社会中的人与人之间的关系，使之和谐相处，"礼之用，和为贵"。要人们遵守礼仪制度，必须出乎人的自觉的"仁爱"之心（内在的真诚的"爱人"之心），这才符合"仁"的要求，所以孔子说："为仁由己，而由人乎哉？"对"仁"与"礼"的关系，孔子有非常明确的说法："人而不仁，如礼何？人而不仁，如乐何？"没有"仁爱"之心，"制礼作乐"只是一种形式，甚至可以是为了骗人的，它是虚伪的。所以，孔子认为，有了出自真诚的"仁爱"之心，并把它按照一定的规范实现于日常社会生活之中，这样社会就会和谐安宁了，"一日克己复礼，天下归仁焉"。如果我们把《论语》中这种"仁爱"精神，结合现实存在的问题，结合学生的思想状况，通过阅读文化典籍，使之了解中国文化精神，而且要对孔子儒家思想"仁爱"的内在精神产生一种感情上的共鸣，诵读一些古典名著的名篇、名句非常必要，最好能背诵。诵读可以起到"以情化理"的作用，使之成为日常生活的准则，这将是一生受用不尽的。费孝通先生提出"文化自觉"的问题。这就是说我们应该对自身文化的来历、形成的过程以及其特点（包括优点和缺点）和发展的趋势等能做出认真的思考和反省，我认为这非常重要。而"文化自觉"也许最主要的就是通过阅读或诵读文化经典才能得到。例如我上面举的孔子"仁学"的例子，我们必须读孔子的《论语》以及其他一些儒家典籍才能得到"仁学"的真精神。我想，阅读我们的文化经典以提高我们的人文素养，决不能把它和阅读其他民族和国家的重要经典分割开来。我们知道，今天的中国已不是古代的中国。今天的中国是在经济全球化、科技一体化、信息网络的世界大环境之中，世界已经连成一片，像是一个地球村。因此，我们也不能不了解其他民族和国家的文化，而且对我们自身文化精神的了解也离不开对其他民族和国家文化的了解，"不识庐山真面目，只缘身在此山中"。如果我们能从"他者"的角度来看我们的文化，一方面，可以加深我们对自身文化的理解，而更加珍视我们自己的文化传统；另一方面，也可以在比较中发现我们自身文化的不足，使我们能够自觉地吸收其他民族的文化，以滋养我们自身的文化。因此，在提倡诵读我们自己的文化经典的同时，也应该引导青年学生诵读一点其他民族文化的经典。我们可不可以让学生读一点柏拉图的著作，例如柏拉图《理想国》的片段？柏拉图认为："善的生活里表现出来的特性是：（1）适度；（2）均衡，美，完整；（3）理性与智慧，亦即真理；（4）知识，技术，正确的判断；（5）不伴有痛苦的纯粹快乐，以及适宜的食欲满足感。"这样的思想可能对我们有启发。我们也可以读一点《圣经》，例如耶稣的"登山训诫"（见《马太福音》第五章）。当然还可以选读其他一些西方经典片段，也可以选读一些印度经典（如《奥义书》和佛典）和伊斯兰教《古兰经》的片段等。有些经典最好读英译本，这样可以帮助我们更好地掌握一门外语。我们应让我们的青年学生眼界开阔一点，用一句套话就是"胸怀祖国，放眼世界"。祖国的繁荣富强要靠青年人的智慧眼光，世界的前途也要靠青年人的智慧眼光。而这些都要求我们的青年学生有"文化自觉"，而"文化自觉"一定要通过对文化经典的掌握，才能有良好的人文素质。这应是我们做老师的对他们进行人文教育的不可推卸的责任。

目录

第一单元　爱人如己　博大的仁爱之心

儒和儒家 ···································· 004

推己及人 ···································· 006
　　爱人如己

互敬互爱 ···································· 010
　　爱是相互的

仁慈博爱 ···································· 015
　　敬爱之心

好恶分明 ···································· 019
　　明辨是非才是仁

第二单元　立志有恒　精彩人生第一步

中国古代的"士" ························· 024

大丈夫当扫除天下 ······················ 026
　　壮志凌云

志行万里 ···································· 030
　　徐霞客行万里路

志当存高远 ································· 034
　　张载的抱负
功亏一篑 ···································· 038
　　郑成功功败垂成
千里之行，始于足下 ······················ 041
　　李贺锦囊积诗
跬步千里 ···································· 044
　　李时珍持之以恒编巨著

第三单元　**孝亲尊师** *教养之恩不可忘*

古代的"束脩" ····························· 050
孝子有深爱 ································· 052
　　王裒尽孝
及时行孝 ···································· 055
　　子路百里负米
师法大宝 ···································· 059
　　汉明帝尊师
师道尊严 ···································· 062
　　张良纳履拜师

孙期为师 ·· 066
　程门立雪

第四单元　谦虚谨慎　虚怀若谷知不足

🕮 谦称·敬称 ·································· 072

谦而受益 ·· 074
　纪晓岚不耻下问

不足遍照 ·· 077
　苏轼知不足

泰而不骄 ·· 080
　信陵君仁爱不骄

失人与失言 ······································ 084
　谭嗣同失言酿大祸

防微杜渐 ·· 088
　蔡桓公大意丧命

第五单元　悔过知耻　难能可贵羞耻心

🕮 岁寒三友 ·································· 094

师旷琴撞晋平公 096
　　晋平公从善如流
辱莫大于不知耻 100
　　纣王无耻失天下
知耻近乎勇 103
　　乐羊子知耻正身
桐宫悔过 106
　　太甲改过
负荆请罪 110
　　廉颇知错能改
以人为镜 114
　　唐太宗的三面"镜子"

第六单元　义利之辨　道德利益慎选择

中国古代的玉文化 120
万事莫贵于义 122
　　墨子制止战争
舍生取义 128
　　文天祥舍身就义

取财有道························132
    不取不义之财
视死如归························135
    颜真卿从容就义
以义为荣························139
    胡铨忠义斗奸臣

第七单元　正气浩然　维护正义守气节

§ "节操"与"符节"··················144
浩然之气························146
    齐太史秉笔直书
不为五斗米折腰····················150
    鲁仲连谢绝官爵
大丈夫气节······················153
    孟子三不移
坚守正义························157
    田卑不避斧钺
临大节而不可夺····················160
    周公不负重托

第八单元 清廉节俭 修身治国在心正

古代的巡视与监察 ·············· **166**

"不贪"为宝 ·············· **168**
　子罕拒贪

暮夜却金 ·············· **171**
　"四知太守"杨震

敢饮"贪泉" ·············· **175**
　贪泉与廉泉

物来不易 ·············· **178**
　"一品宰相"曾国藩

训俭示康 ·············· **182**
　一双象牙筷与一个王朝

俭昌奢败 ·············· **186**
　成由勤俭败由奢

第九单元 光阴寸金 珍惜时间立功业

古人如何计量时间 ·············· **192**

天地逆旅 ·············· **194**
　创造价值，留住永恒

吾生须臾⋯⋯⋯⋯⋯⋯⋯⋯⋯⋯⋯⋯⋯⋯⋯198
　功绩长存的苏轼
死生大矣⋯⋯⋯⋯⋯⋯⋯⋯⋯⋯⋯⋯⋯⋯⋯202
　反对享乐风气的王羲之
人生代代无穷已⋯⋯⋯⋯⋯⋯⋯⋯⋯⋯⋯206
　人类长河奔流不息

第一单元

爱人如己

博大的仁爱之心

- ◎ 推己及人
- ◎ 互敬互爱
- ◎ 仁慈博爱
- ◎ 好恶分明

儒和儒家

作为一个学派的儒家虽由孔子创立于春秋末叶,但"儒"起源甚早,《汉书·艺文志》、刘向《七略》、司马迁《史记·儒林列传》都记载说:"儒"最初与沟通人神的巫祝活动有关。

中国人历来重视丧葬礼仪,这种广泛的社会需求促成了一个特殊的社会阶层:儒。在中国古代社会,最晚到殷商时代就有了专门负责办理丧葬事务的人员。这些人就是早期的儒,也称为术士。他们精通当地的丧葬

儒家的创始人孔子

礼仪习俗，时间一长，便形成了一种相对独立的职业。这种职业的人地位低微，仰人鼻息，性格柔弱，因此"儒"本来是指柔弱的术士。

从孔子开始，儒便与巫、史、祝、卜分化开来，成为熟悉诗书礼乐而为贵族服务的人，他们非常注重道德的修养。《论语·雍也》中记载了孔子对他最得意的学生之一子夏的告诫：要当"君子儒"，千万不要当"小人儒"。

在春秋战国时期，儒家作为"诸子百家"之一，和其他各派互相批评、互相争鸣。西汉时期，董仲舒提出"罢黜百家，独尊儒术"，这一建议被汉武帝采纳，于是儒家思想成为中国的大一统思想。

儒家思想在魏晋南北朝时期受到玄学、佛学的挑战，到了民国以后，在"五四"反孔非儒高潮下受到了强烈的冲击，但是儒学有非常强的自我调整能力，可以及时适应时代和社会的变化，因此仍然有很强的活力。儒家思想至今仍然是中国传统文化的核心和主体。

推己及人

己①所不欲②,勿③施④于人。

《论语·颜渊》

己欲立⑤而立人,己欲达⑥而达人。

《论语·雍也》

注解

① 己:自己。
② 不欲:不喜欢,不希望发生。
③ 勿:不要。
④ 施:施加。
⑤⑥ 立、达:都是指使事有所成,可以理解为成为有德行有成就的人。

孔子弟子仲弓

听老师讲

爱人如己

这两句话都出自《论语》，是孔子在谈论"仁"的时候提出的主张。"仁"是孔子的人生理想，其含义非常深广，表达的时候却很简约，境界非常高，又能密切联系实际。

那么，"仁"是什么？这里的两句选文回答了这个问题。第一句话的意思是：自己不喜欢的事，不希望发生的事，不要施加在别人身上，不要让它在别人那里发生。第二句话的意思是：如果自己想成为有成就有德行的人，那就帮助别人也成为有成就有德行的人。合起来看，"仁"就是推己及人、爱人如己。

我们如果对这两句话的背景有所了解，就会对孔子所说的"仁"有更深的理解。第一句话的语言环境是这样的。孔子的弟子仲弓向自己的老师请教"仁"的问题。孔子举例子说：出门的时候要像去会见最重要的客人一样重视自己的言行；如果自己是执政者，役使百姓要像举行重大祭祀仪式一样慎重小心；自己不喜欢的事、不希望发生的事，不要施加在别人身上，不要让它在别人那里发生。有一次，孔子的学生子贡问老师，有没有一句话可以作为终身奉行的准则。孔子回答说，那大概就是"恕"了。"恕"是什么意思呢？孔子紧接着解释说，"恕"就是"己所不欲，勿施于人"。天下人同此心，将心比心，就可以理解别人的处境。举个例子来说，如果你不希望自己的国家发生战争，那就不要对别的国家发动战争。

孔子告诉颜渊，克己复礼为仁。

第二句话的语言环境是这样的。孔子的学生子贡问,如果有人能对广大的老百姓进行救济和帮助,这算是"仁"吧。孔子说:这岂止是"仁",这是圣人才能做到的事,就算尧舜这样的人也未必能做到;如果自己想成为有成就有德行的人,那就帮助别人也成为有成就有德行的人;我们能从身边的事情做起,这就是实践"仁"的方法了。同样,用今天的眼光来看,如果我想让自己的居住环境舒适优美些,那么我也应该帮助别人居住在舒适优美的环境中,从身边的事情做起,保护环境,那么这也是在实践"仁"了。

从上面可以看出,孔子所说的"仁"包含两层意思,一层是不要伤害别人,至少不要故意伤害别人。第二层意思是,如果可能,要尽量帮助别人。如果做不了大事,那么从身边的小事做起也是可以的。如果能做到这些,就算是"仁"了。

互敬互爱

孟子曰:"爱人者,人恒①爱之;敬人者,人恒敬之。"

《孟子·离娄下》

注解

① 恒:经常,始终。

亚圣孟子

| 听老师讲

爱是相互的

这句话反映了孟子的"仁爱"观点。意思是说,关心爱护别人的人也会得到别人的关心爱护,尊敬别人的人也会受到别人的尊敬。也就是说,人与人之间的"爱"与"敬"都是相互的。

自古以来,中华民族一直以"礼仪之邦"闻名于世,互爱互敬也是中华民族的优秀传统。民间流传着一句俗话:"你敬我一尺,我敬你一丈。"这可以说是人际交往的黄金法则。历史上的很多名人在这方面为我们做出了榜样,比如"战国四公子"之一的孟尝君。

孟尝君是战国时期齐国的王室公子,也是齐国重要的大臣。他喜好结交人才,招揽了很多有特殊才能的人做他的门客。所谓门客,指的就是古代有身份和地位的人所供养的有学问和技能的人才。孟尝君的门客最多的时候有三千人。有一天,来了一个名叫冯谖(xuān)的人,他穷困得没办法维持生活了,想投靠孟尝君。孟尝君就问:"客人有什么爱好?"冯谖回答说:"没有什么爱好。"孟尝君又问:"客人有什么本领?"冯谖回答说:"没有什么本领。"孟尝君笑着说:"好吧,留下来吧。"

孟尝君手下的人认为冯谖没有什么本事,就只给冯谖吃粗劣的食物。不久后的一天,冯谖靠着柱子,敲着他的剑,唱起歌来:"长剑呀长剑,咱们回去吧,吃饭没有鱼呀!"手下的人报告给了孟尝君,孟尝君说:"你们要像对待其他门客一样对待他,要给他鱼吃。"又过了一阵,冯谖又敲着他的剑,唱起来:"长剑呀长剑,咱们回去吧,出门没有车呀!"手下的人都笑了,把这件事报告给了孟尝君。孟尝君说:"给他备车吧,像对待重要的客人一样对待他。"没过多久,冯谖又敲打着他的剑,唱道:"长剑呀长剑,咱们回去吧,没有钱养家呀。"人们开始讨厌冯谖了,认为他贪心,不知足。孟尝君听说了,忙问:"冯公家里还有亲人吗?"手下的人回答:"他家里还有个老母亲。"孟尝君赶快派人给冯谖的母亲送吃的和用的,让她安享晚年。从此以后,冯谖就不再敲着剑唱不满的歌了。

在冯谖最困难的时候,孟尝君没有看不起他,也不在乎他没有特长,同样尊重他,给他丰厚的待遇,关心他的家人。他这样真心诚意地敬重和善待冯谖,让冯谖深受感动,于是冯谖决定一心一意跟从孟尝君,把他当成自己真正的朋友。

后来,冯谖一直跟随孟尝君,办了一些深得民心的好事,为孟尝君赢得了人民真心的拥戴。后来孟尝君受到齐王的猜忌而被革职,只得回到自己的封地薛城,这时候,许多门客都纷纷离去,只有冯谖毫不犹豫地留在孟尝君身边,全心全意帮他出主意,为他四处奔走游

礼贤下士的孟尝君

说，使孟尝君最终渡过了难关。

孟尝君和冯谖的故事很好地说明了"爱人者，人恒爱之；敬人者，人恒敬之"的道理。爱是相互的，你付出了"爱"和"敬"，收获到的也会是"爱"和"敬"。只要人人都能够竭诚地献出一份对他人、对社会的关爱之心，我们的社会就会是一个充满仁爱的社会。

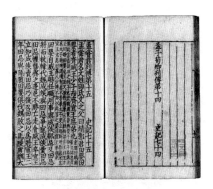

《史记·孟尝君列传》书影

仁慈博爱

老①吾老②以及人之老,幼③吾幼④以及人之幼。

《孟子·梁惠王上》

注解

① 老：赡养，敬爱。
② 老：长辈，老人。
③ 幼：抚育，爱护。
④ 幼：子女。

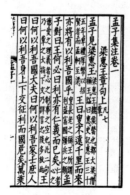

《孟子集注》书影

听老师讲

敬爱之心

这句名言出自《孟子》，大意是：赡养敬爱自己的长辈，推广到赡养敬爱别人的长辈；抚育爱护自己的子女，推广到抚育爱护别人的子女。

这种仁慈博爱的思想在中国由来已久，儒家经典《礼记》中描绘的理想社会就是如此：人们不只奉养自己的父母，不只抚育自己的子女。使老年人能够终享天年，青壮年能为社会效力，幼童能顺利地成长，使老而无妻的人、老而无夫的人、幼年丧父的孩子、老而无子的人、残疾人都得到供养。

开创"文景之治"的汉文帝就是一位有着仁慈博爱之心的人，他不仅敬爱自己的母亲，而且善待普天之下的老人，在社会上树立起了仁慈博爱的风尚。

汉文帝是著名的"二十四孝子"之一，他侍奉母亲薄太后非常精心周到。有一次，薄太后生病了，一病就是三年，汉文帝尽心在床前照顾，几乎没有睡过一个好觉。汤药煎好了，在给母亲喝之前，他都要自己先尝一尝，体味药的火候是不是适中，会不会太苦或者太烫，觉得合适了才给母亲服用。薄太后心里很感动，也很心疼自己的儿子，就说："宫里这么多人，都可以照顾我，你不要这么辛苦操劳了。我的病又不是三两天就能好的，以后叫宫女们服侍我就可以了。"汉文帝跪下来对母亲说："如果孩儿不能在您有生之年，亲自替您做点事，那要什么时候才有机会报答您的养育之恩呢？"

更难能可贵的是，汉文帝也把天下的老人当成自己

汉文帝

的父母一样来供养。他说:"年老的人,没有布帛就穿不暖,没有肉就吃不饱。如果不按时派人慰问年老的长者,又不送布帛酒肉给他们的话,怎么能帮助天下的儿孙赡养他们的老人呢?"紧接着,他下达了一条法令:年纪八十岁以上的,由政府每月送米一石、肉二十斤、酒五斗;年纪九十岁以上的,每人另加送帛二匹,絮三斤。所送的物品由县令亲自查看、发送。送给九十岁以上老人的物品,要由县里最高的几位长官亲自奉送;不满九十岁的老人的礼物,要由乡里的长官或县政府里的官员奉送。

汉文帝的仁爱精神感化了所有的官员、百姓,社会上传扬着仁慈博爱、敬老爱幼的风气。这种广博的爱心,就像春天的细雨,滋润万物,又好似冬日的阳光,洒落人间,温暖着人们的心灵。

好恶分明

子曰:"唯①仁者能好人,能恶②人。"

《论语·里仁》

注解

① 唯:只有。
② 恶(wù):厌恶,讨厌。

孔子像

听老师讲

明辨是非才是仁

孔子的思想以"仁"为核心,他为后代人定下的道德目标就是成为"仁人",即有仁德的人。成为仁人,首先要真诚,要有真性情,这是学习文化知识的前提,否则学到的知识、礼仪就只会成为一种徒有其表的掩饰,让人更加虚伪。因此,一个真正的仁人不会隐藏他的真实感受,对于自己厌恶的人和事,他不会强迫自己表现出喜爱之情,而是如实地表达自己的态度。这就是孔子所说的"唯仁者能好人,能恶人"的一层意思。

这句话还有另一层含义。仁人必定是能够明辨是非的,他为人处世绝不是不加选择地一团和气,而是对应该亲近喜爱的人发自内心地喜爱,对应该厌恶疏远的人由衷地厌恶。什么样的人应该喜爱,什么样的人应该厌恶呢?相信大家心里都有各自的标准。你喜欢真诚正直的人,说明你本人也是真诚正直的人。如果一个人跟虚伪奸诈的人也能打成一片,那么他不是虚伪至极,就多半是个没有道德准则、无法明辨是非的人,这样的人孔子称为"乡愿",用现在的话说就是圆滑世故的老好人。

有一天,孔子的弟子子路问老师:"如果一个人得到了乡里所有人的喜爱,或者受到乡里所有人的厌恶,那么他是一个怎样的人?"相信你已经猜到孔子的回答了。孔子说:"都不好。只有乡里的好人都喜欢他,乡里的坏人都厌恶他,这样才可以。"

的确如此,俗话说"物以类聚,人以群分",正是同样的意思。做一个真诚善良且有判断力的人,和那些真诚善良且有判断力的人交朋友,才可以称为仁人。

孔 庙

第二单元

立志有恒

精彩人生第一步

- ◎ 大丈夫当扫除天下
- ◎ 志行万里
- ◎ 志当存高远
- ◎ 功亏一篑
- ◎ 千里之行,始于足下
- ◎ 跬步千里

中国古代的"士"

"士"就是古代的读书人,大致相当于今天我们所说的"知识分子"。他们既是国家政治的直接参与者,同时又是中国文化艺术的创造者和传承者。

士的起源很早。春秋以前的士,大概都是指有职务的人。当时,在王室中有一批掌管祭祀、礼仪、占卜、记事等活动的文职官员,称作"巫""卜""祝""史"等。他们掌握文化知识,具有文人的特征,可以说是士的最初源头。

到了春秋战国时期,在激烈的社会变革中,士摆脱了等级制度的束缚,获得了较多的人身自由,逐渐成为政治上、思想上、文化上非常活跃的阶层。中国古代的士阶层兴起了。

古代士人勤学苦读,通过层层选拔进入统治阶层。他们中的大多数人都在中央或地方担任了重要职务,凭借自己的智慧和才华,为国家的繁荣、政治的清明做出了贡献。

古代的士有理想，有抱负，往往以天下为己任。

古代的士具有强烈的历史使命感和社会责任感，范仲淹所说的"先天下之忧而忧，后天下之乐而乐"，就是对他们精神追求的真实写照。

古代的士还有崇高的气节和爱国精神。每当国家遭遇不幸，他们往往挺身而出；身处困境，也不改气节。文天祥"人生自古谁无死，留取丹心照汗青"的精神，正是古代士人浩然正气的体现。

古代的士形成了一个源远流长、弥足珍贵的传统，他们的精神品质、道德人格将永远砥砺后人，启示后人。

文天祥《木鸡集序卷》

大丈夫当扫除天下

陈蕃字仲举,汝南平舆人也。祖河东太守。蕃年十五,尝①闲处一室,而庭宇②芜秽③。父友同郡④薛勤来候⑤之,谓蕃曰:"孺子⑥何不洒扫以待宾客?"蕃曰:"大丈夫处世,当扫除天下,安⑦事⑧一室乎?"勤知其有清⑨世志,甚奇之。

《后汉书·陈蕃传》

注解

① 尝:曾经。
② 庭宇:房舍,庭院。
③ 芜秽:荒芜污浊。
④ 同郡:同乡。
⑤ 候:探望。
⑥ 孺子:小孩子。
⑦ 安:岂,哪里。
⑧ 事:做,从事。
⑨ 清:澄清,安定。

| 听老师讲 |

壮志凌云

陈蕃字仲举,是汝南平舆人。祖上做过河东太守。陈蕃十五岁的时候,曾经独自一人居住在一个屋子里,但是这个院子野草丛生,非常脏乱。他父亲同乡的朋友薛勤来看他,对他说:"小伙子你怎么不整理房间,打扫干净来接待客人呢?"陈蕃说:"大丈夫活在世上,应当扫除天下的污秽,怎么能只打扫这一小小的院子呢?"薛勤听了以后,知道他有澄清天下的志向,觉得他与众不同。

陈蕃后来成长为东汉士人的领袖,他的言论是当时读书人的准则,行为是世人的模范。他出仕做官,心中一直想着要让天下清平。公元165年,陈蕃任太尉。这时朝廷中有两个宦官被重用,他们利用和汉桓帝亲近的机会,诬陷排挤朝廷的忠臣。朝中大臣害怕宦官,敢怒而不敢言。只有陈蕃挺身而出,冒死劝谏皇上。陈蕃正直敢言,以前曾多次得罪皇上,这时皇上已听不进陈蕃的忠言,许多忠臣冤死在狱中。宦官们本来也想置陈蕃于死地，不过陈蕃的威望太高，他们不敢轻举妄动，陈蕃也因此躲过了这次劫难。后来，以李膺、陈蕃为首的官僚集团，与以郭泰为首的太学生联合起来，结成朋党，猛烈抨击宦官集团。宦官依靠皇权，向党人发动大规模的迫害活动，并最终使大部分党人禁锢终身，也就是一辈子都不能做官，史称"党锢之祸"。"党锢之祸"后不久，陈蕃再次冒死上疏进言。汉桓帝在盛怒之下，就将陈蕃削职为民了。

陈蕃一生立志报国，把生死置之度外，实践了他"大丈夫处世，当扫除天下"的宏伟志向。这不禁让人联想到汉朝著名将领霍去病。西汉初年，匈奴经常攻击西汉北方边境，边境上的百姓饱受战乱之苦。到了汉武帝时，国力强盛了，汉武帝便开始对匈奴进行反击。公元前123年，年仅十八岁的霍去病以校尉的身份跟随他舅舅卫青出征。他率领八百骑兵长途奔袭，斩获匈奴两千余人，在全军中战功第一，被汉武帝封为冠军侯。

霍去病一生共四次领兵出塞，攻打匈奴，立下了赫赫战功，也获得了高官厚禄，但他把个人的享受搁在一边,一心以国家利益为重。河西战役胜利后,汉武帝为了奖励他的卓越战功,准备在长安为他建造一座豪华府邸。霍去病谢绝了汉武帝的好意,说了一句豪言壮语:"匈奴未灭,何以家为!"意思是说,匈奴还没有消灭,要家有什么用!这句传诵千古的名言正是霍去病崇高理想的写照。

这些故事告诉我们一个道理:一个人要想成就一番事业,首先要有远大的志向;要做大事,就不能目光短浅,太过计较个人得失。但是,我们也应当记住,大事是由一件件的小事积累而成的,所以,我们要从身边的小事做起,一步一个脚印,踏踏实实朝着自己的理想目标前进。

霍去病墓马踏匈奴石雕

志行万里

志①行万里者,不中道②而辍③足;图④四海者,匪⑤怀细以害⑥大。

《三国志·陆逊传》

注解

① 志:志向,志愿。
② 中道:中途。
③ 辍:停止。
④ 图:图谋。
⑤ 匪:非,不。
⑥ 害:妨碍,妨害。

《三国志》作者陈寿著书图

|听老师讲|

徐霞客行万里路

"志行万里"是西晋史学家陈寿《三国志》中的一句名言,意思是说,立志走万里路的人,不会中途停下自己的脚步;有志治理天下的人,不能心胸狭小而妨害宏大的事业。

我国明代地理学家、旅行家和文学家徐霞客的一生正好印证了这句名言。徐霞客出生在江阴(今江苏江阴)一个有名的书香门第,从小喜爱读历史地理和探险游记之类的书籍。少年时代他就树立了"大丈夫当朝碧海而暮苍梧"的旅行大志,决心探寻祖国河山的奥秘。

十九岁那年,徐霞客的父亲去世了。他很想外出寻访名山大川,但是他想到"父母在,不远游",家中有老母在堂,所以几次话到嘴边都没有说出口。徐霞客的母亲是个知书达理、颇有见识的人,她看出了儿子的心事,便鼓励儿子说:"身为男子汉大丈夫,应当志在四方。你出外游历去吧!到天地间去舒展胸怀,增长见识。怎么能因为我在,就像篱笆里的小鸡、套在车辕上的小马，留在家里，无所作为呢？"徐霞客听了这番话，非常激动，决心去远游。于是，他头戴母亲为他做的远游冠，肩挑简单的行李，离开家乡，踏上了旅行之路。这一年，他二十二岁。从此，直到五十六岁逝世，他绝大部分时间都是在旅行考察中度过的。

在三十多年的旅行考察中，他主要是靠双脚跋山涉水，还经常自己背着行李赶路。在跋涉一天之后，无论

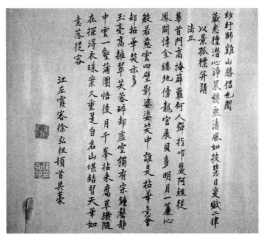

徐霞客手迹

多么疲劳，无论在什么地方住宿，他都坚持把自己考察的收获记录下来。

他的足迹遍及今天的浙江、江苏、安徽等十九个省、自治区、直辖市。在游历中，徐霞客几乎每天都在冒险，攀登悬崖，进入山洞，考察实际的地理面貌。他曾经三次遭遇盗贼，多次断粮，但是他没有退缩，仍勇往直前，严谨地记下观察的结果。他去世后留下的笔记经过后人整理，就是著名的《徐霞客游记》。这部游记资料翔实，文笔优美，在国内外具有深远的影响。

徐霞客的故事告诉我们一个道理，有些人之所以能创造辉煌的事业，是因为他们胸怀远大的志向，并能够为这样的志向奋斗不息。

志当存高远

人若志趣不远,心不在焉①,虽②学无成。

张载《经学理窟·义理》

注解

① 焉:此。
② 虽:即使。

诸葛亮提出"志当存高远"。

听老师讲

张载的抱负

这句话是北宋著名哲学家、宋代理学的奠基人之一张载说的。这句话的意思是：一个人如果志趣不高远，心思不放在这上面，即使学了也不会有成就。

张载说这句话是有原因的，他本人的经历就是最好的证明。张载小时候天资聪明，兴趣广泛，读书十分刻苦，还喜欢讨论军事和边防问题。当时的陕西一带，正受到西北的西夏国的侵扰。公元1040年，二十一岁的张载决心奔赴前线，保卫边疆。他给当时主持西北地区军务的范仲淹写信，说想组织一批人，夺回被西夏占领的洮西地区（现在的甘肃南部）。范仲淹是北宋著名的政治家，学术上也有很深的造诣。他从信中看出这个青年有远见，能成大器，就鼓励他说：你一定可成大器，不必去研究军事，而应在儒学上下功夫。于是范仲淹引导张载研读《中庸》，学习儒家的学问。

张载按照范仲淹的指引，读完了《中庸》，但他感到还不满足，又继续研究《老子》《庄子》和道家的书籍,还阅读佛教的著作。经过十多年的攻读,张载终于在学术上达到了很高的境界,逐渐建立起自己的学说体系。他确立了宏伟的抱负:"为天地立心,为生民立命,为往圣继绝学,为万世开太平。"意思就是说,要为天地万物确立道德准则,为天下百姓确立生命的意义,为过去的圣贤传承他们的学问道理,为后代的子孙开启安宁和平的时代。这是他作为一个士大夫和知识分子的使命,要为真理、为学术、为天下担起重任。

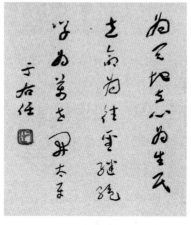

横渠四句

张载把这句话作为自己的座右铭，一生都在身体力行，为这个理想而努力。张载中进士后，先后担任过多种官职。在任云岩县令时，他办事认真，重视道德教育，提倡尊老爱幼的社会风尚，每月初一召集乡里老人到县衙聚会，设酒食款待他们，向他们询问民间疾苦，提出教育子女的道理和要求。每当县衙张贴出告示，他都要召集乡里老人，反复叮咛，让他们转告乡民，因此，他发出的告示，就连不识字的人和儿童都能知道。

张载晚年回到故乡，过起了读书讲学的生活。在这期间，他写下了大量著作，对自己一生的学术成就进行了总结。

一般来说，远大的理想是成功的开始。对自己的要求高，就会取得较大的成就；对自己的要求低，取得的成就往往比较小，甚至一事无成。没有远大的志向，是不可能成就大业的。

功亏一篑

子曰:"譬如①为山,未成一篑②,止③,吾止也;譬如平地,虽④覆⑤一篑,进⑥,吾往也。"

《论语·子罕》

注解

① 譬如:比方。
② 篑(kuì):担土的筐。
③ 止:停下来。
④ 虽:即使。
⑤ 覆:倒,倒出。
⑥ 进:继续进行。

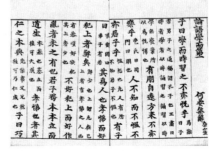

《论语》书影

听老师讲

郑成功功败垂成

这段话的大意是：孔子说，我打个比方，堆土成山，眼看就要堆成了，哪怕只差一筐土，你把它停下来，这个山也堆不成；平地上，哪怕刚刚倒下一筐土，只要你继续往上倒土，早晚也会堆成山。他的意思是，有志者事竟成，无论什么都贵在坚持，干就成，不干就不成，一切全在你自己。

孔子从正反两个方面向我们说明了坚持不懈的重要性。一方面，离成功只差那么一小步了，但是你不迈过去，就永远无法获得成功。另一方面，当你下定决心去做一件事情，哪怕只是刚刚开始了一小步，只要坚持下去，也一定能获得成功。

别小看这小小的一筐土，它很有可能是成功与失败的分界线。《尚书》里说："为山九仞，功亏一篑。"就是说，堆积一座九仞高的土山，即使只差最后的一筐土，也无法获得最终的成功。

明朝灭亡以后，著名将领郑成功在东南沿海组织军队从事反清活动。1658年,他率军北上,节节胜利,很快打到江宁城下。郑成功的胜利震动了全国,各地的反清力量纷纷开始响应。如果能攻下江宁,反清形势将一片大好。就在这个时候,江宁的清军统帅送来了投降书,于是郑成功的斗志松懈下来了。他停止了进攻,一厢情愿地等着清军打开城门投降。然而,谁知道送投降书只是清军的缓兵之计呢!几天后的一个黎明,清军趁着大雾突然发动进攻,郑成功猝不及防,结果落了个损兵折将,只得又退回福建,而这次惨重的失败也使他元气大伤,再也没有足够的军事力量与清军周旋。

如果像之前的那些战斗一样攻下江宁,也许不是什么太费力气的事情,但他偏偏在这个节骨眼上停了下来。郑成功的失败真可谓是"功亏一篑"——其实就是差了那么"一筐土"而已!

千里之行，始于足下

合抱①之木，生于毫末②；九层之台，起于累土③；千里之行，始于足下。

《老子》第六十四章

注解

① 合抱：两臂环抱，用来形容树身粗大。
② 毫末：毫毛的梢儿，比喻极微小的数量或部分。这里指树的幼苗。
③ 累土：平地一层一层用土堆起来。

文徵明所绘老子像

> 听老师讲

李贺锦囊积诗

老子是我国春秋时期著名的思想家。相传他做过周朝管理藏书的官吏，学识渊博，孔子也曾经向他请教问题。《老子》就是他的作品，短短五千余字看似简单，其实包含非常深刻的哲理。这段话是讲：两只手臂才能围拢的大树，都是从幼苗长成的；九层的高台，都是从平地一层一层用土堆起来的；千里之远的行程，是一步一步走出来的。

《老子》认为，事情的发展都是从小到大慢慢积累的，大树都是从小苗开始长，高楼都是从平地开始盖。事情的始和终最重要。这给了我们两个启示：一方面，我们在生活中要懂得防微杜渐，防止小问题慢慢积累成大问题。因为，事情还没有开始，乱子还未发生，最容易对付，聪明人应该尽早动手，防患于未然。另一方面，我们也要懂得持之以恒的道理，大成就是通过一点点的努力慢慢积累而成的。

历史上的名人、伟人，都不是无缘无故地获得成功的，他们都是从细小的地方开始坚持不懈地积累，才取得了那些令人惊叹的成就。唐朝著名诗人李贺，年幼时外出游玩，总会带一个锦囊，里面装着纸张，看到什么好的景物或事件，触发了灵感，就随手写下来，晚上回到家再慢慢整理。他的母亲关心他，发现锦囊中众多的诗句纸片，便会关切地责怪道："这孩子要把心呕出来才肯罢休啊！"李贺虽然只活了二十七岁，但他留下了很多脍炙人口的诗篇，而这些伟大诗篇不正是由那些锦囊里的纸张一点一点积累起来的吗？

王羲之所书《道德经》(《老子》)

跬步千里

跬步①而不休②,跛鳖千里。累土而不辍③,丘山崇成④。厌其源⑤,开其渎⑥,江河可竭⑦。一进一退,一左一右,六骥⑧不致⑨。……跛鳖致之,六骥不致,是无他故焉,或为之,或不为之尔⑩。

《荀子·修身》

注解

① 跬(kuǐ)步:半步。
② 休:停止。
③ 辍:停止。
④ 崇成:终成,终究要堆成功。崇,同"终"。
⑤ 厌其源:堵塞源头。厌,堵塞。
⑥ 渎(dú):沟渠。
⑦ 竭:尽。
⑧ 六骥:六匹骏马,这里指六匹骏马拉的车。骥,骏马。
⑨ 致:同"至",到达。
⑩ 尔:罢了。

| 听老师讲 |

李时珍持之以恒编巨著

荀子（约前313—前238）名况，战国后期赵国人，曾在齐国稷下学宫讲学。荀子强调以礼治国，他和推崇以仁义治国的孟子是孔子之后儒家思想成就最高的代表人物。

这段话的大意是说，半步半步地走个不停，跛腿的鳖也能到达千里之外。堆积泥土而不中断，终究会堆成山丘。在上游堵塞水源，又在下游开通沟渠，即使是长江黄河的水也会流得一干二净。如果走路前进一步又退后一步，一会儿向左一会儿向右，就是六匹骏马拉车也不能到达目的地。跛腿的鳖能够到达的地方，六匹骏马却不能到达，这没有其他的缘故啊，一个去做，一个不去做罢了！

鳖有恒心、有耐力，看准目标就坚持不懈，而骏马时进时退，时左时右，拿不定主意，下不了决心，不肯好好去做。因此，跛腿的、慢吞吞的鳖能够到达骏马所不能到达的地方。对比之下，足见专心致志、持之以恒有多么重要。

我们做任何事情,有了持之以恒的精神,就常常能获得成功。明代卓越的医药学家李时珍就是最好的例子。

李时珍出生在一个世代行医的家庭,家庭浓厚的医学氛围使他很早就喜欢上了医学。在长期的医疗实践中,李时珍治好了不少疑难杂症,积累了大量的诊治经验,三十岁时便远近闻名。三十三岁时,李时珍觉得自己所读的大量医药著作均有瑕疵,有的分类杂乱,有的内容不全,还有不少药物根本就没有记载。于是他决心在宋代唐慎微编的《证类本草》的基础上,重新编著一部完善的药物学著作——《本草纲目》。

为了编著《本草纲目》,李时珍不辞劳苦,饱尝艰辛,足迹遍及河南、江西、江苏、安徽等地。每到一处,他都放下架子,虚心向当地药农请教。为了采集药物标本,收集民间验方,他有时钻进深山老林,有时亲临乡村茅舍,每得到一味新药都如获至宝。为了弄清一些药物的性能和效用,他甚至不顾危险亲口试药。他的执着精神感动了许多人,大家都热情地帮他搜集药方,有的人甚至把家里的祖传秘方也拿出来交给他。经过如此艰辛的亲身实践,李时珍获得了许多书本上没有的知识,得到了很多药物标本和民间验方,为丰富《本草纲目》一书的内容打下了坚实的基础。

从三十五岁时起,李时珍开始动手编写《本草纲目》。在编写过程中,他参考了八百多种书籍,并大规模地修改了三次。二十七年过去了,他终于编成了药物学巨著《本草纲目》。

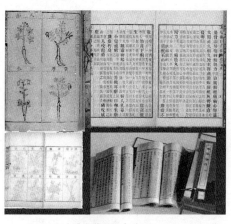

《本草纲目》书影

第三单元

孝亲尊师

教养之恩不可忘

- ◎ 孝子有深爱
- ◎ 及时行孝
- ◎ 师法大宝
- ◎ 师道尊严
- ◎ 孙期为师

古代的"束脩"

热爱知识，尊敬老师，自古以来就是中华民族的优良传统。

春秋时期的大教育家孔子大力兴办私学，使平民百姓也有了接受教育的机会。孔子曾说过这样一句话："自行束脩（xiū）以上，吾未尝无诲焉。"意思是说，凡是自愿送上十条干肉为学费的人，我从来没有不教育、训诲的。

历来对"束脩"的解释多种多样，其中大家比较认可的说法是："脩"是指干肉，古代把十条干肉捆成一束。朱熹对孔子这句话解释说：古代的学生和老师初次见面时，必须要恭恭敬敬地行拜师之礼，并亲自奉上礼物，表示对老师的敬意。

十条干肉，真是少之又少的礼物啊。不过礼轻情义重，这份尊敬老师的感情是难以用物质来衡量的。后来，"束脩"这一礼节就流传开来，一直沿用。唐代时，国家还为此制定了明确的规定，学校中要采用束脩之礼，礼物的轻重，随着学校的性质而有所差别。教师在接受学生的拜师礼物时，也必须奉行相应的礼节。

"束脩"一词后来引申为送给老师的报酬。学生向老师奉送束脩，表达的是学生对老师发自内心的尊敬之情。

孔子讲学图

孝子有深爱

孝子之有深爱者，必有和气①；有和气者，必有愉色②；有愉色者，必有婉容③。

《礼记·祭义》

注解

① 和气：温和的语气。
② 愉色：愉快的表情。色，脸色，表情。
③ 婉容：温顺的神态。婉，温顺，顺从。

王裒闻雷泣墓

|听老师讲|

王裒尽孝

这段话出自《礼记·祭义》。《礼记》是儒家经典之一,与《仪礼》《周礼》并称为"三礼"。《礼记》全书共由四十九篇文章组成,大都是由孔子的学生及其后代门人写成的,内容主要是对《仪礼》一书的补充和解释。很多大家熟悉的格言,如"知耻近乎勇""先人后己""文武之道,一张一弛""玉不琢,不成器""教学相长"等,都出自《礼记》这本书。

这句话的大意是:孝子如果深深爱着自己的父母,说话就一定很和气;说话和气,表情必定就很愉快;表情愉快,神态必定是很温顺的样子。儒家认为,仅仅赡养父母还不能称为孝顺,赡养的同时还能尊重父母,才是真正的孝顺。

这就要求我们对父母要和颜悦色,以一颗真诚感恩的心来对待他们,只有这样,才会让父母真正地高兴。

父母不仅需要物质上的满足,他们更需要精神上的愉悦。三国时魏国的王裒(póu),小小年纪便懂得敬重、孝顺父母。他的父亲王仪因正直敢言,被骄横跋扈的晋王司马昭无辜杀害。小王裒在母亲的抚育下渐渐长大,他将全部的爱心和孝心放到了母亲身上。除了照料母亲的饮食起居,他还时常陪她说话,想尽办法解除老人精神上的孤独和凄苦。母亲病了,他衣不解带地日夜侍候在床前。母亲害怕打雷,每当下雨打雷的时候,他便将门窗关得严严实实的,拉着她的手,绝不离开半步。

多年以后,王裒的母亲久病不治去世了。他悲痛万分,将父母合葬一处,虔诚恭谨地守丧尽孝,每天早晚,都到墓前祭奠。他惦记着母亲怕雷的事情,每当刮风下雨的天气,一听到轰隆隆的雷声,便狂奔到父母的墓地,跪拜着哭诉说:"儿子王裒在这里,母亲您千万别怕!"王裒对父母的感情可谓至深至厚。

父母为子女耗费了大量的心血,做子女的孝敬父母是理所应当的。孝敬父母就是要敬爱父母,听从父母的教导,关心体贴父母,主动分担父母的辛劳,长大成人后,自觉承担起赡养父母的责任。

及时行孝

树欲静而风不止,子欲养而亲不待①也。

《韩诗外传》卷九

注解

① 待:等待。不待,这里引申为过世。

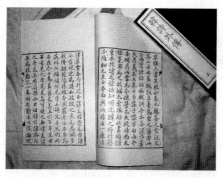

《韩诗外传》书影

> 听老师讲

子路百里负米

这句名言出自《韩诗外传》,意思是说:树想安静下来,但是风一直不停地吹着它;子女想要赡养父母亲,但是他们没能等到那一天就过世了。

这句名言背后有一个意味深长的故事。相传春秋时期,孔子带着弟子们出游,忽然听到道旁传来悲痛的哭声。孔子和学生们就停下来,上前问那个痛哭的人:"你为什么哭得这么伤心啊?"那个人回答说:"我小时候很好学,曾经到各地去游学,但当我学成本领回来时,父母亲都已经去世了。作为他们的孩子,昔日我应该好好侍奉父母,可我却没有陪在他们身边,现在想要好好服侍他们,却再也做不到了,就像'树欲静而风不止'一样无奈啊。他们对我的恩情令我难以忘怀,我心里很悲伤,所以就哭了。"

这句名言用树木来打比方,告诉人们这样一个道理:孝顺父母一定要及时,想到为父母做什么事情就赶紧去做,要从今天做起,从日常的小事做起。一定要珍惜现在的机会好好对待自己的亲人,不要到了失去时才懊悔万分。

从古到今,"孝"一直是中华民族的传统美德。俗话说,百善孝为先。不仅如此,行孝还要及时,要从现在做起。这不禁让我们联想到春秋时期仲由"百里负米"的感人故事。

仲由,字子路,是春秋时期鲁国人。他是孔子的学生,性格直率勇敢,十分孝顺父母。

子路负米

仲由小时候家里很穷，一日三餐只能吃野菜。于是他常常想：我怎样才能为父母准备好一点的饭菜呢？家里没有米，仲由就要到百里之外去买，再背着米赶回家里，做饭给父母吃。

后来，仲由的父母都过世了。这时候仲由学有所成，做了官，享受到了优厚的待遇，每年的俸禄有万钟之多，一出门就有百辆马车跟随着。他坐的是层层叠叠的精美坐垫，吃的是丰盛的美味佳肴。生活虽然富足了，可是他常常怀念已经过世的父母，感慨地说："即使我想为父母去背米，哪里能够再做到呢？"

孔子听说了，就赞扬仲由说："仲由侍奉父母，可以说在父母活着的时候尽心竭力，父母去世之后极尽哀思！"

仲由的孝心如此恳切，他的一声感慨，道出了天下所有孝子的心声：孝顺父母一定要及时，不要等到永远失去了孝顺他们的机会，才徒然感叹"子欲养而亲不待"。

师法大宝

故①有师法②者,人之大宝也;无师法者,人之大殃③也。

《荀子·儒效》

注解

① 故:因此,所以。
② 师法:由老师指导进行学习。
③ 殃:灾祸。

孔子讲学图

听老师讲

汉明帝尊师

这段文字选自战国时期儒家典籍《荀子》。该书是战国晚期著名唯物主义思想家荀况的著作。《荀子》共三十二篇，阐述了荀子的政治、经济、军事以及唯物主义思想，是现代研究荀子思想和荀子学派的重要资料。

这句话的意思是说，有老师来指导你学习，是人生的一笔财富，没有老师来指导，是人生的一大缺失。老师不仅向学生传授知识，使他们学业进步，还能为学生解答人生的困惑，指导并鼓励学生往正确的方向不断前进。有这样的老师，是一件多么幸运的事；这样的老师，又是多么可亲可敬啊。

刘庄是东汉开国皇帝刘秀的第四个儿子，公元43年被立为皇太子，后来继承皇位，史称汉明帝。在他做太子的时候，博士桓荣是他的老师。做皇帝后，刘庄仍然非常敬重他的老师，曾亲自到太常府（当时掌管宗庙礼仪的机关）去，让桓荣面向东坐，像当年听老师讲学一样，聆听老师的指教。桓荣生病时，明帝派人专程慰问,甚至亲自登门看望。每次探望老师,明帝都是一进街口便下车步行前往,以示尊敬。进门后,往往拉着老师枯瘦的手,默默垂泪,很久才离去。老师去世之后,他换了衣服,亲自为老师送葬,痛哭道:"失去了老师,是我最大的遗憾。"

桓荣像

师道尊严

凡①学之道,严师②为难。师严然后道尊③,道尊然后民知敬学④。

《礼记·学记》

注解

① 凡:凡是。
② 严师:尊敬老师。
③ 尊:地位高。
④ 敬学:敬重学业。

鲁迅先生是尊师的典范。

> 听老师讲

张良纳履拜师

这是《礼记》中的名言，意思是说：凡是为学之道，最难的是尊敬老师。老师受到尊敬，真理就受到敬重；真理受到敬重，人们就知道敬重学业。

尊师重教一直是中华民族的优秀传统。西汉的开国功臣张良就因为尊敬师长而受益匪浅，最终成就了一番事业。

张良年轻时非常勤奋，四处拜师求学。一天清早，张良出去散步，走到一座桥上。这时，一位老人也走上了桥。他走到张良面前，弯腰脱下鞋子，扔到桥下，然后用命令的口气对张良说："小子，下去把我的鞋子捡上来。"张良觉得这个老人无理取闹，正要拒绝，但转念一想："他是个老年人，我应该尊敬他。"于是，他忍住怒气，跑下桥捡起了鞋子，再回到桥上来递给老人。谁知道老人却把脚一伸，说："替我穿上！"张良觉得又好气又好笑，可他还是耐着性子，给老人穿上了鞋。老人穿好鞋，连声"谢谢"也不说，便大摇大摆地走了。

张良看那老人气度不凡,心想这老头儿一定有点来历,于是一直跟在他身后。走了一里多路,老人转过身来对他说:"你这年轻人还值得一教,五天之后天亮时,你到桥头和我见面吧。"

五天后,张良一大早来到桥头,老人已经在那儿了。老人生气地说:"你迟到了,五天后再来吧!"说完就走了。又过了五天,鸡刚叫头遍,张良就赶到桥头去,可是那老人还是比他早。老人说:"你又迟到了!

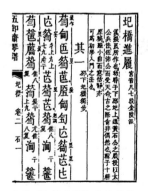

这是《圯桥进履》的古琴谱。
古琴曲《圯桥进履》生动再现了张良拜师的故事。

你如果还有心想学点东西的话,五天后再来吧!"说完,又走了。

这回,张良不敢睡觉了,第四天半夜就到桥上恭恭敬敬地等待老人。等了不久,老人就来了。他看见张良,面带笑容地说:"这才是真诚拜师的表现啊!"说完,他从怀里拿出一本书,对张良说:"我已经观察你很久了,觉得你配做这本书的主人。好好研读,它将来能够使你成为辅助帝王的人才。"说完,就把书交给了张良,头也不回地走了。天亮后,张良拿出书来一看,原来是一部非常珍贵的《太公兵法》。张良从此刻苦钻研兵法,最终成为杰出的军事战略家,辅佐刘邦建立了汉朝。汉高祖刘邦赞扬他"运筹帷幄之中,决胜千里之外",意思是说张良神机妙算,在军营里指挥,就能赢得千里之外战争的胜利。

张良对老人十分恭敬,真诚地拜师学艺,"张良桥头纳履拜师"由此成为一段尊师的佳话,广为流传。

孙期为师

（孙期）家贫，事①母至孝，牧豕②于大泽③中，以④奉养焉。远人⑤从⑥其学者，皆⑦执经⑧垄畔⑨以追之。

《后汉书·孙期传》

注解

① 事：侍奉。
② 牧豕（shǐ）：放猪。
③ 泽：聚水的洼地。
④ 以：用来。
⑤ 远人：远方的人。
⑥ 从：跟从，随从。
⑦ 皆：都。
⑧ 执经：手捧经书，经指儒家典籍。
⑨ 垄畔：田间小道，指道路。

| 听老师讲 |

程门立雪

这段话讲的是东汉人孙期的故事。孙期是东汉末年济阴成武(在今山东菏泽)人,少年时就努力钻研学问,是一位知识渊博的名士。当时,很多人都敬仰他的学问,向他求教。

孙期非常孝顺,服侍母亲无微不至,在他的影响下,他的家乡形成了好学、孝顺、仁爱、谦让的风气。黄巾起义军经过孙期的家乡,曾约定"不准侵扰孙先生宅舍",可见当时人们对孙期的敬重。

这段话的大意是:孙期家境贫穷,但他侍奉母亲十分孝顺,在湿地里养猪来供养母亲。从远方赶来向他学习的人,都手拿着经书,到养猪的田垄上来追随他。

孙期的学识和品德是当时的典范,所以人们都仰慕他,发自内心地尊敬他,甚至跟随他到养猪的地方去学习。这尊师重道的感人一幕不禁让我们想起"程门立雪"的故事。

宋朝时有一个人叫杨时,字中立,号龟山。杨时在青少年时代就非常用功,后来中了进士,他不愿做官,继续拜师求学,钻研学问。当时程颢、程颐兄弟俩是全国有名的学者。杨时先是拜程颢为师,学到了不少知识。四年后,程颢去世了。为了继续学习,他又拜程颐为师。这时候,杨时已经四十岁了,学问也比以前更渊博了,但他对老师还是那么谦虚、恭敬。

有一天,天空浓云密布,眼看一场大雪就要到来

程门立雪

了。午饭后,杨时为了向老师请教一个问题,约了同学游酢一起去程颐家里。守门的人说程颐正在睡午觉。他们不愿打扰老师午休,便一声不响地站在门外等候。

天上飘起了鹅毛大雪,越下越大。他们站在门外,雪花在头顶上飘舞,凛冽的寒气冻得他们浑身发抖,但是他们仍旧站在门外等着。

过了好长时间,程颐醒了,这才知道杨时和游酢已经在门外雪地里等了好久,便赶快叫他们进来。这时候,门外的积雪已经有一尺多深了。

由于杨时能够尊敬师长,虚心向老师求教,所以学业进步很快,后来终于成为一位全国知名的学者,四面八方的人都来拜他为师,大家尊称他为"龟山先生"。

在我们的求学道路上,老师是最值得尊重和敬仰的人。尊重老师,要做到口敬、身敬、心敬,这样才是学生应有的态度,才能学到真正的本领。

第四单元 谦虚谨慎

虚怀若谷 知不足

- ◎ 谦而受益
- ◎ 不足遍照
- ◎ 泰而不骄
- ◎ 失人与失言
- ◎ 防微杜渐

谦称·敬称

我国是一个礼仪之邦，人们非常重视人际交往中的礼节，而谦虚又是中国文化中重要的传统美德，这两点反映在古人的语言中，就形成了非常有意思的谦称和敬称现象。谦称是指与人交往时以谦逊的态度称呼自己这一方的人和事物。敬称是指与人交往时用尊重、礼貌的态度称对方的人和事物。

一类谦称是用特定的词加在与自己有关的称呼前，表示谦虚，如"小"：小儿、小女、小店、小生（指自己）；如"家"：家父、家母、家兄；再如"舍"：舍弟、舍妹、舍侄；如"拙"（笨的）：拙见、拙著、拙荆（自己的妻子）。另一类是用一个特定的称呼来表示谦虚，比如：在下（自己）、鄙人（自己）、寒舍（自家的屋子）、内人（自己的妻子）、犬子（自己的儿子）。

与此相应的第一类敬称有"令"（美好的）：令尊（对方的父亲）、令堂（对方的母亲）、令兄（对方的兄长）、令郎（对方的儿子）、令爱（对方的女儿）；"贵"：

贵庚（对方的年纪）、贵府、贵恙（对方的疾病）、贵弟子；"尊"：尊姓、尊师、尊姐；"大"：大名、大作，等等。第二类敬称有：君、阁下，等等。

与谦称和敬称有关的还有表示动作的词语，比如"惠顾""光临"等；还有许多成语，比如"抛砖引玉"（谦称）、"才疏学浅"（谦称）、"鼎力相助"（敬称）、"不吝赐教"（敬称）等。

满招损，谦受益

谦而受益

满①招损②,谦受益。

《尚书·大禹谟》

注解

① 满:自满。
② 损:损害。

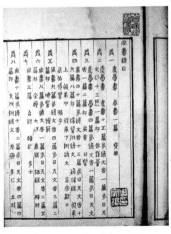

《尚书》目录

听老师讲

纪晓岚不耻下问

这句话的意思是：自满会招致损害，谦虚才能有所收获。

骄傲自满的人，眼里只有自己的长处，看不清自己的缺点和错误，就只能停留在原有的水平上，不能进步，甚至还会因为自满而做错事，招来损失；谦虚的人能够一直保持虚心学习的态度，就能不断取得进步。

清代名人纪晓岚就是一个谦虚好学的人。纪晓岚是《四库全书》的总纂官，对于各种典籍非常熟悉，诗词歌赋也很精通，可他并不自满，仍然处处留心新的知识。有一次，他陪乾隆皇帝微服出行，来到一间客栈，看到墙壁上题着一首诗，一半已经剥落了，只能看清"一水涨喧人语外，万山青到马蹄前"两句。纪晓岚觉得诗句非常新奇，很佩服，想知道是谁的作品，全诗又是怎么样的，可客栈里的人都不知道。会不会是前人的诗句呢？纪晓岚查阅了很多诗集，都没有发现。后来纪晓岚主持科举考试，中举的考生都把得意的作品作为礼物献上，考生朱孝纯送上来的诗里就有那两句诗。纪晓岚喜出望外，把朱孝纯请来，向他请教这首诗的创作过程和其中的深意。朱孝纯告诉他，这是当年朝廷在金川打仗时，自己单人匹马饱受羁旅之苦，有感而发，信手写在客栈墙上的。纪晓岚听了，一拍巴掌，说："怪不得呢！"说着拿出了一首诗给朱孝纯看："浓似春云淡似烟，参差绿到大江边。斜阳流水推篷坐，翠色随人欲上船。"纪晓岚说："这是我乘船去福建督学时，在船上作的，化用的就是你的诗句。可我是在从容悠闲的时候作诗，情景和你不同，所以整首诗意境和你的比起来，还是差多了。"

这段纪晓岚向晚辈求教的故事，成了历史上的佳话。我们没有纪晓岚那样渊博的学问，因而更需要有谦虚谨慎的态度，虚心向别人请教，增长自己的学识。

不足遍照

一人聪①明②而不足以遍照③海内④。

《淮南子·修务》

注解

① 聪：听觉灵敏。
② 明：视力好。
③ 照：察看。此处指了解。
④ 海内：四海之内。

淮南王求仙图

听老师讲

苏轼知不足

这句话的意思是：一个人的听觉再灵敏、视力再好，也不足以了解四海之内所有的一切。

这句话有两层含义。一层是，即使一个人再有才干，在整个世界面前也是微不足道的；更深一层的含义是，正因为一个人的能力是有限的，所以每一个人都需要多学习，弥补自身的不足。

北宋的大文学家苏轼年少时非常聪慧，又加上勤奋好学，可以说是饱览群书，见多识广。这让他滋长了骄傲自满的情绪，写下了一副"识遍天下字，读尽天下书"的对联，意思就是说天下的字他没有不认识的，天下的书他没有没读过的。但是学识渊博的苏轼也还是有不懂的东西。相传，有一次苏轼看到王安石写的两句诗"明月当空叫，黄犬卧花心"，不禁暗自嘲笑王安石：明月怎么能够在天空中叫呢？黄犬就是狗嘛，怎么能躺在花瓣里面呢？于是，他把这两句诗改成了"明月当空照，黄犬卧花荫"。

后来，苏轼被贬到儋（dān）州，也就是今天的海南岛，发现当地有一种鸟叫明月，经常在空中叽叽喳喳地叫，有一种虫子叫黄犬，喜欢在花瓣里觅食，苏轼这才醒悟，原来是自己改错了。

这个故事就说明了"一人聪明而不足以遍照海内"。一个人再聪明，读的书再多，也不可能穷尽对世界的认识，所以我们要有一颗谦虚的心，好学上进，才能不断开阔眼界，丰富学识。

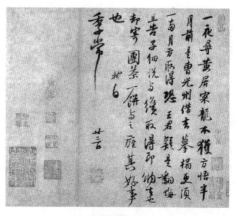

苏轼书法

泰而不骄

子曰:"君子①泰②而不骄③,小人④骄而不泰。"

《论语·子路》

注解

① 君子:品行高尚的人。
② 泰:泰然,心境平和、坦然、安适。
③ 骄:骄狂自大,盛气凌人。
④ 小人:古书中常与"君子"相对,指地位低下的平民百姓。后来儒家从人品上区分"君子""小人","小人"的意思是品行低劣的人。

南宫适像。孔子称赞南宫适为君子。

听老师讲

信陵君仁爱不骄

孔子说："君子安详舒泰，不骄傲狂妄；小人骄傲狂妄，却不安详舒泰。"

泰，是一种平和、谦逊、安适的状态。一个人只有能够正确地认识自己和他人的长处和短处，合理地评价自己和他人，对他人抱有尊敬和学习的态度，才能做到泰而不骄。泰而不骄的人尊重他人，正视自己，因此是道德高尚的人、有见识的人，能得到人们的尊重。而盛气凌人、骄横无礼、骄而不泰的人，他一定是盲目自大的，不能很好地认识和处理自己与他人的关系，自然也很难得到人们的尊重。

战国时期，魏安釐（xī）王的弟弟魏公子信陵君为人仁爱，尊重人才，对待门下的人才谦和有礼。他听说都城东门的守门人侯嬴（yíng）是位贤者，就为他举办了一次宴会，还请了许多宾客来捧场。

宾客落座之后，公子亲自驾着马车，空出车上尊贵的座位，恭恭敬敬地去迎接侯嬴。侯嬴见公子来了，登上车，直接坐在尊位上，并不谦让。公子拉着马辔（pèi）头，表情十分谦恭。侯嬴对公子说："我有个朋友在市场的肉铺里卖肉，希望能顺路去拜访他。"公子便驾着马车进入市场。侯嬴下车会见他的朋友朱亥，故意久久地站着和朋友闲谈，暗中观察公子的表情。公子的神色却更加恭敬。市场上的人们看见公子手拉马辔头，谦恭地等候侯嬴，都感到非常震惊，公子的随从还偷偷地骂侯嬴傲慢无礼。侯嬴观察到公子的脸色始终没有变化，这才辞别朋友，重新上了车。

到了公子家中，公子请侯嬴坐在上座，谦敬地把宾客一个个介绍给他。宴会中，公子起身到侯嬴面前敬酒。侯嬴这时举起酒杯，对公子说："我侯嬴本只是一个看门老头儿，公子却委屈自己驾马车去迎接我，这时我本不应再去拜访朋友，但我故意让公子陪我去。侯嬴这么做，是为了成就公子的名声。侯嬴故意让公子的马车久久地停在市场里，公子的态度却愈加谦恭，这样，人们都会认为侯嬴是个傲慢无礼、不懂事的小人，而认识到公子宽厚仁爱，能谦恭地对待士人。"

这个故事里面的侯嬴是一位智者,他明白信陵君是一位道德高尚、泰而不骄的人。为报答信陵君的知遇之恩,他故意制造了这样一个事件,让人们了解信陵君的品行,借此提高信陵君的威望。由此我们不难看出,泰而不骄的确是一种非常可贵的美德。

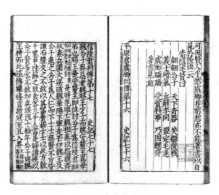

《史记·信陵君列传》书影

失人与失言

子曰:"可与言①而不与言,失人②;不可与言而与之言,失言③。知者④不失人,亦不失言。"

《论语·卫灵公》

注解

① 与言:对……说。
② 失人:失去了人,失掉可靠的人。
③ 失言:白费口舌。
④ 知者:有智慧的人。知,同"智"。

谭嗣同书法

听老师讲

谭嗣同失言酿大祸

《论语》是一部记载孔子及其弟子言行的书，由他的弟子及再传弟子编写而成，一共二十篇，本文就选自其中的《卫灵公》篇。这段文字的大意是，孔子说："应该对他说却不对他说，就会失掉可靠的人；不该对他说却对他说了，就是白费口舌。有智慧的人既不会失掉可靠的人，也不会白费口舌。"孔子慎言，对说话很讲究。他认为，该跟人交谈而不交谈，是"失人"；不该跟人交谈而交谈，是"失言"；真正的聪明人既不"失人"也不"失言"。"可与言而不与言"是隐瞒，"不可与言而与之言"是急躁。

孔子这段话，是着重说明言语谨慎应该遵循的标准。我们说言语谨慎，主要是说言语表达必须经过深思熟虑，绝不是说沉默寡言、闭口不言就好。那么，究竟哪些话该说，哪些话不该说？孔子的标准是："不失人，亦不失言。"在值得同他交流、值得信任的人面前，可以推心置腹，那样，你可以赢得对方的信赖与帮助，既交了心，也交了友，这就叫"不失人"。然而对于那些不值得同他交流的人，就不必白费口舌，尤其是当对方并不那么可靠时，说话更要小心，不能盲目相信，不该说的话不能说，才能做到"不失言"。当然，这些都不是那么容易就能做到的。

清朝末年戊戌变法期间，谭嗣同和袁世凯的交往就是一个"失言"的例子。当时，国家遭受内忧外患，处在生死存亡的关头。康有为、梁启超等知识分子主持开

袁世凯

展了维新变法运动，力图挽救国家的危亡之势。这得到了光绪皇帝的支持，却触动了以慈禧太后为首的保守派的利益，遭到了他们的强烈反对和极度仇视。当时社会上传言慈禧太后要废掉光绪帝，打击维新派，于是康有为等人准备先下手为强。但他们苦于手中没有兵权，就派谭嗣同去见手握重兵的袁世凯，希望他能效忠光绪皇帝，杀掉当时权力很大的慈禧太后的亲信荣禄，逼迫慈禧太后交出权力。袁世凯当面答应得好好的，还信誓旦旦地说："杀荣禄就像杀一条狗！"结果第二天就跑去向荣禄和慈禧告密，出卖了维新派。接下来，光绪帝被囚禁，谭嗣同等人惨遭杀害，维新变法在维持了103天之后宣告失败。

维新变法失败的原因很多，但最直接的一点就是他们没有看清袁世凯的真实面目，"不可与言而与之言"。

防微杜渐

千丈之堤,以蝼蚁①之穴溃②;百尺之室,以突隙③之烟焚。故曰白圭④之行⑤堤也塞其穴,丈人⑥之慎火也涂⑦其隙,是以⑧白圭无水难⑨,丈人无火患。此皆慎易以避难⑩,敬细以远大⑪者也。

《韩非子·喻老》

注解

① 蝼蚁:蝼蛄和蚂蚁。
② 溃:崩溃。
③ 突隙:烟囱的裂缝。突,烟囱。
④ 白圭:战国时的水利家,曾任魏惠王的相。
⑤ 行:巡视。
⑥ 丈人:老年人。
⑦ 涂:填塞。
⑧ 是以:因此。
⑨ 难:灾难。
⑩ 慎易以避难:谨慎地对待容易的事情来避免困难的事情。
⑪ 敬细以远大:慎重地对待微小的问题来远离大祸。

|听老师讲|

蔡桓公大意丧命

韩非是战国时期法家思想的代表人物,是韩国的贵族,一代名儒荀子的学生。这段话选自《韩非子》中的《喻老》篇,《喻老》整篇文章都是对《老子》一书思想的解释。《老子》里有这样一句话:"天下难事必作于易,天下大事必作于细。"就是说困难的事情都是从容易的事情开始的,大事都是从小事开始的。在前面这段选文中,韩非对这句话做了进一步的解释。他说:千丈的长堤,因为蝼蚁打的洞穴而溃决;百尺的高楼,因为烟囱

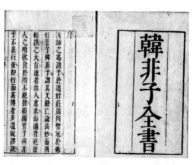

《韩非子》书影

缝隙漏出的烟火而烧毁。所以，治水能手白圭巡视堤坝，注意堵塞漏洞；老人总是小心防火，涂泥填塞烟囱的缝隙。因此有白圭在就没有水灾，有老年人在就没有火灾。这都是谨慎地对待容易处理的事以避免问题积累到难以处理的地步，慎重地对待微小的问题以远离大祸的明智之举啊。

正如韩非所分析的那样，生活中的祸患常常是一点点地积累起来的，所以中国人历来都很重视防微杜渐，在错误或坏事萌芽的时候就及时制止，不让它发展。韩非曾经讲过扁鹊见蔡桓公的故事。一次，名医扁鹊去见蔡桓公，刚站了一会儿，扁鹊就说："我看您有病了，不过此刻它还在皮肤表面，不难治好；但如拖延下去，恐怕病势会沉重起来。"桓公并不相信。过了十天，扁鹊又见到桓公，诚恳地说："您的病已经进到肌肉之中，如不医治会更重的。"桓公依然不理睬。又过了十天，扁鹊又见到桓公，焦急地说："您的病已经侵入肠胃，再不医治会恶化的。"桓公还是不理睬。又是十天过去了，扁鹊望见桓公，转身就走。蔡桓公很奇怪，派人追问。扁鹊回答："如果疾病浅在皮表，用膏药和汤洗就能治愈；如果进入肌肉之中，针灸也可医治；蔓延到肠胃，服用火煎汤剂，尚有疗效；而一旦侵入膏肓，医生就毫无办法了。现在您的病已深入膏肓，所以我无话可讲了。"五天以后，桓公遍体疼痛，急忙派人寻找扁鹊医治，而扁鹊早已逃到秦国去了。过了不久，蔡桓公就死了。

汉代人心目中的神医扁鹊人首鸟身。

第五单元

悔过知耻

难能可贵羞耻心

- ○ 师旷琴撞晋平公
- ○ 辱莫大于不知耻
- ○ 知耻近乎勇
- ○ 桐宫悔过
- ○ 负荆请罪
- ○ 以人为镜

岁寒三友

中国古代的文人喜爱托物抒情,借用自然事物来表达自己的理想人格和精神追求。松树四季常青,姿态挺拔,在万物萧疏的隆冬,依旧坚强不屈,郁郁葱葱。翠竹虚心有节,其碧叶经冬不凋。梅花姿态高雅,漫天飞雪之际破蕊怒放。它们虽然不同种,但在严寒中同生,表现出了不畏霜雪的高洁品格,因而被历代文人誉为"岁寒三友"。

你知道吗,"岁寒三友"的得名据说还有一段有趣的故事呢!北宋神宗元丰二年(1079),大文学家苏轼遭权臣迫害,被捕入狱。经过朋友们的营救,才得以从轻定罪,被安置在黄州(今天的湖北黄冈)。作为"罪人"的苏轼初到此地,心情很苦闷。不久,家眷搬来,朋友不断来访,这才使得他的心绪慢慢好转。但家人朋友一多,苏轼的生活又出现了困难。为了改善生活,苏轼讨来了数十亩荒地开垦种植。这块地,当地人唤作"东坡",苏轼因而自取别号为"东坡居士"。

苏轼在东坡种了稻、麦等农作物,又筑园围墙,造起房屋来。房子取名"雪堂",他还在四壁上画上雪花;园子里则遍植松、竹、梅等花木。一年春天,黄州知州徐君猷来雪堂看望他,并开玩笑说:"你这房间起居睡卧,环顾侧看处处是雪。天寒飘雪之时,无人来访,不觉得太冷清吗?"苏轼手指院内花木,爽朗大笑:"风泉两部乐,松竹三益友。"意思是说,风声和泉声就是可以解除寂寞的两部乐章,四季常青的松树、经冬不凋的竹子和傲霜开放的梅花,就是可伴冬寒的三位益友。

苏轼《枯木竹石图》

师旷琴撞晋平公

晋平公①与群臣饮，饮酣②，乃喟然③叹曰："莫乐为人君④！惟其言而莫之违⑤。"师旷⑥侍坐⑦于前，援⑧琴撞之。公披衽⑨而避，琴坏于壁。公曰："太师谁撞⑩？"师旷曰："今者有小人言于侧者，故撞之。"公曰："寡人⑪也。"师旷曰："哑⑫！是非君人⑬者之言也。"左右⑭请除⑮之。公曰："释之⑯，以为寡人戒⑰。"

《韩非子·难一》

注解

① 晋平公：春秋时晋国国君。
② 饮酣：喝得畅快。
③ 喟（kuì）然：感慨的样子。
④ 莫乐为人君：没有什么快乐比得上做国君。
⑤ 莫之违：莫违之，没有谁敢违抗他。
⑥ 师旷：晋国著名的乐师，盲人。
⑦ 侍坐：在上级或长辈旁陪坐，这里指给晋平公陪坐。

⑧ 援:拿起。
⑨ 披衽:拉开衣襟。
⑩ 太师谁撞:太师撞谁。太师,古代乐官的首长,这里指师旷。
⑪ 寡人:国君自称。
⑫ 哑:表示叹息,相当于"唉"。
⑬ 君人:做人们的国君。
⑭ 左右:身边的大臣。
⑮ 除:处罚。
⑯ 释之:放开他。
⑰ 以为寡人戒:我要引以为戒。

抚琴俑

听老师讲

晋平公从善如流

本篇讲的是这样一个小故事:晋平公和大臣们一起饮酒,喝到兴头上,慨叹说:"没有什么快乐比得上做国君!他的话没有人敢违抗。"师旷在平公身旁陪坐,就拿起琴朝他撞去。平公连忙拉开衣襟躲让。琴在墙壁上撞坏了。平公知道师旷是盲人,看不见,于是问:"太师是撞谁呀?"师旷答道:"现在有个小人在旁边说话,所以我拿琴撞他。"平公说:"那是我呀。"师旷说:"唉,这可不是当国君的应当讲的话呀。"平公身边的大臣要求惩办师旷。平公说:"放了他吧,我要引以为戒。"

晋平公认为做国君是最快乐的事,因为国君可以呼来喝去,让万民顺从。然而,一个唯我独尊的暴君很容易既误国又误民,最后导致民不聊生、社会动荡。师旷深知晋平公的想法的可怕,于是利用自己的盲人身份巧妙地警示他。可喜的是,晋平公身为一国之君而能领会师旷的苦心,及时醒悟,认识到自己的错误。这种勇于知耻改过的精神,是很值得赞许的。

当然了，师旷能促使一国之君反思认错，是有大智慧的。汉代的大学者刘向曾讲过一个师旷劝学的故事，也很值得仔细玩味。

一次，晋平公问师旷道："我七十岁了，想学习恐怕已经晚了。"

"那就点上灯吧。"

"开什么玩笑！这是臣子对主公说的话么？"

"我怎敢和主公开玩笑呢！我听说过，少年好学，像初升的太阳；壮年好学，像高照的日光；老年好学，像灯将黑夜照亮。点上灯，总比摸黑走夜路好吧。"

"对，说得好！"晋平公终于高兴了。

晋平公闻过则喜，从善如流，在历史上留下了美名。

辱莫大于不知耻

罪莫①大于好进②,祸莫大于多言,痛莫大于不闻过③,辱莫大于不知耻。

王通《中说·关朗》

注解

① 莫:代词,没有什么。
② 进:进利,追求私利。
③ 闻过:听到别人指出自己的过错。

隋代大儒王通

听老师讲

纣王无耻失天下

王通是隋代的大儒,做过官,后来弃官归乡,以著书讲学为业,著有《中说》。这段话出自《中说》的《关朗》篇,意思是,最大的罪过莫过于一味追求私利,最大的祸害莫过于信口开河,最大的痛苦莫过于听不到他人批评自己的错误,最大的耻辱莫过于不知羞耻。

王通在这里提到"闻过"和"知耻"。我们先看"闻过"。所谓"闻过",是指听他人指出自己的过错。人都会犯错,而有的时候,我们并不知道自己错了,或者虽然知道自己有错,但不知错在什么地方,他人指出来,引起自己的警觉,就有可能改正。相反,自己意识不到错误的存在,又没有人为自己指正,任凭错误不断发展下去,最后铸成大错,那后悔就来不及了。

"知耻"与"闻过"是相关的,但略有不同。"闻过"是被动接受别人的批评,"知耻"则是自己主动认识、正确对待过错。一个人如果不知羞耻,那他什么坏事都干得出来。历史上从来都不缺少敢于直言、让君王

"闻过"的臣子，但真正能够"知耻"的君王却不多。商朝最后一个帝王纣，就是一个荒淫无耻的昏君。他穷尽天下的财富来满足自己的私欲，对老百姓横征暴敛，以建造供自己享乐用的"鹿台"和"酒池肉林"，并不断讨伐那些对他稍有怠慢的诸侯国。为了镇压人民的反抗，他还加重刑罚，设置了一种叫"炮烙"的酷刑，让人在涂满油的铜柱上爬行，下面点燃炭火，爬不动了就掉在炭火里活活烧死。纣王的残暴、荒淫引起了百姓的怨恨和诸侯的反叛，他身边一大批贤良正直的臣子，如商容、比干、微子、箕子等人，实在看不下去了，用各种方式向他进谏。但纣王根本没有闻过知耻之心，他听不进这些忠臣的善意规劝。结果这些大臣或者被赶走，或者被杀死，或者被囚禁，再也没有人去劝谏这位暴君，商朝也就理所当然地灭亡了。

知耻近乎勇

子曰:"好学近乎①知②,力行③近乎仁,知耻近乎勇。"知斯④三者,则知所以修身⑤;知所以修身,则知所以治人⑥;知所以治人,则知所以治天下国家矣。

《礼记·中庸》

注解

① 近乎:和……相近。
② 知:同"智",智慧。
③ 力行:尽力去做(好事)。
④ 斯:这。
⑤ 修身:完善自身的品行。
⑥ 治人:统治他人。

听老师讲

乐羊子知耻正身

这段话选自《礼记·中庸》。《礼记》是战国秦汉间儒家学者关于礼的文章的汇编,《中庸》这一篇相传是孔子的孙子子思所作。这段话的意思是说,好学上进,就能增长智慧,成为有智慧的人;尽力去做好事,就能逐渐培养自己的仁爱之心,成为有仁德的人;知道什么是可耻之事,就能克服怯懦,成为勇敢的人。懂得了这些道理,就懂得怎样完善自身的品行;懂得怎样完善自身的品行,就懂得怎样治理百姓;懂得怎样治理百姓,也就懂得怎样治理天下国家了。

"好学近乎知""力行近乎仁"都不难理解,为什么又要说"知耻近乎勇"呢?这一点可以从两个方面来理解。第一,你做错了事,遭受了失败,能够站起来去面对它所带来的耻辱,这可以算是勇敢的。第二,做人应该明辨是非,知道什么事情该做,什么事情不该做。愣头愣脑地、不分是非地去做事,那不叫勇敢,而是莽撞。只有明白了对与错,知道了哪些事情是令人羞耻的，有损于德行的，不应该去做的，我们的行为才称得上勇敢。

中国人修身历来重视"知耻"。南朝刘宋时期的著名史学家范晔在《后汉书》中曾给我们讲过一个故事。乐羊子在路上捡到一块金子，回来交给妻子。妻子说："我听说有志气的士人不喝'盗泉'的水，爱护自己名誉的人不接受别人无礼的馈赠，何况是捡别人丢失的东西来获利呢。这样的做法太有损于你的品行了！"妻子的一席话说得乐羊子很惭愧，于是他丢掉了捡来的金子，到远处求学去了。在这个故事里，乐羊子夫妇的勇气十分值得我们学习。首先，乐羊子的妻子有很高的道德境界，她懂得做人应该有所为有所不为，因而能勇敢地对丈夫加以规劝。而乐羊子在意识到自己品行有所不足之后能及时改过，提升自己的道德境界，因此也算是一个知耻的勇者了。

桐宫悔过

帝太甲①既立三年,不明②,暴虐③,不遵汤④法,乱⑤德,于是伊尹放⑥之于桐宫⑦。三年,伊尹摄⑧行政当国⑨,以朝诸侯⑩。帝太甲居桐宫三年,悔过自责,反善⑪,于是伊尹乃迎帝太甲而授之政。帝太甲修德,诸侯咸⑫归殷,百姓以宁⑬。

《史记·殷本记》

注解

① 帝太甲:商朝开国之君成汤的嫡长孙,太丁之子。帝,帝王。
② 明:明智,英明。
③ 暴虐:凶恶残暴。
④ 汤:即成汤,商朝的开国之君。
⑤ 乱:扰乱,破坏。
⑥ 放:流放。
⑦ 桐宫:商王的离宫。
⑧ 摄:代理。
⑨ 当国:掌握国家政权。
⑩ 以朝诸侯:来接受诸侯国君朝拜。
⑪ 反善:改恶从善。
⑫ 咸:皆,都。
⑬ 百姓以宁:百姓因而安宁。

听老师讲

太甲改过

这段文字的大意是:商王太甲已经登上帝位三年,政治黑暗,统治凶恶残暴,不遵守商汤制定的法令,破坏了德治。于是,伊尹将他流放到桐宫,伊尹代为处理国家政务,接受诸侯朝见。商王太甲在桐宫居住了三年,悔过自新,改恶从善,于是伊尹就把他迎接回来,将国政授还给他。太甲修行德治,诸侯都归附了商朝,百姓生活得以安定。

名相伊尹

在中国古代，一国之君被大臣流放可不多见，而流放之后还能像太甲这样真心悔过更是绝无仅有。我们这里大致交代一下故事发生的来龙去脉。

夏朝最后一个君主夏桀喜欢把自己比成太阳，而夏桀极为残暴，百姓恨透了他，诅咒他说："你这个'太阳'什么时候才灭亡，我们宁愿跟你同归于尽！"

夏朝末年，商族逐渐强大。商族的汤看到夏桀如此腐败，失去民心，决心消灭夏朝。当时最有才能的伊尹看到这一点，他为了能有机会辅助商汤，就乔装成商汤妻子的陪嫁奴隶，来到商汤家，开始时负责厨房里的工作。为了让商汤发现自己，伊尹做菜时故意有时做得好吃，有时做得难吃；有时放盐多，菜很咸；有时放盐少，菜很淡。终于，商汤把他找来质问，伊尹也就有了机会跟商汤谈自己对于国家大事的见解。

这样，商汤才知道伊尹是有心装扮成奴隶的。在这次交谈中，伊尹向商汤讲了许多治国的道理，商汤非常信任他，免除了他的奴隶身份，任他为右相。在伊尹的帮助下，商汤最终消灭了夏朝，建立了商朝。

为了防止商朝后来的君王重蹈夏桀的覆辙，商汤创制了较为完备的法令，希望伊尹能监督商朝的后代君王遵守他所制定的法令，依据这些法令来统治国家。

但是，汤的孙子太甲即位后很让人失望。太甲昏庸而暴虐，根本听不进伊尹等大臣的直言，一味沉溺于享乐。伊尹不得不行使顾命大臣的权力，剥夺了太甲的统治权，把太甲放逐到桐宫去悔过反省。

太甲到桐宫以后，发现祖父的坟墓非常简陋，又从守墓人那儿了解到祖父艰苦创业的历史，感到非常惭愧。

太甲在桐宫三年，"悔过自责"，深刻地认识到自己的错误。伊尹见太甲真心悔过，非常高兴，便带领大臣们去迎接太甲回都。从此，太甲实行德政，施行仁义，勤俭爱民，在历史上留下了美誉。

负荆请罪

既罢①,归国,以②相如功大,拜为上卿③,位在廉颇之右④。廉颇……宣言曰:"我见相如,必辱⑤之。"相如闻,不肯与会。相如每朝时,常称病,不欲与廉颇争列⑥。已而⑦相如出,望见廉颇,相如引车避匿⑧。……相如曰:"……今两虎共斗,其势不俱生⑨。吾所以为此者,以先国家之急而后私仇也。"廉颇闻之,肉袒负荆⑩,因宾客⑪至蔺相如门谢罪⑫,曰:"鄙贱之人⑬,不知将军⑭宽之至此也。"卒⑮相与欢,为刎颈之交⑯。

《史记·廉颇蔺相如列传》

注解

① 既罢:(渑池之会)结束以后。既,已经。罢,结束。
② 以:因为。
③ 拜为上卿:授予他上卿的官职。拜,授予官职。
④ 右:上。秦汉以前以右为尊,这里是说相如的地位在廉颇之上。

⑤ 辱：羞辱。
⑥ 争列：争位次。
⑦ 已而：过了些时候。
⑧ 避匿（nì）：躲避，躲藏。
⑨ 不俱生：不共存。
⑩ 肉袒（tǎn）负荆：光着上身，背着荆条。这是向对方请罪的一种方式。袒，脱去上衣，露出身体的一部分。荆，灌木，古代常用荆条做成刑杖。
⑪ 因宾客：由门客做引导。因，通过，经由。
⑫ 谢罪：道歉。
⑬ 鄙贱之人：庸俗浅陋的人，这里是廉颇对自己的谦称。
⑭ 将军：指蔺相如。
⑮ 卒（zú）：最终。
⑯ 刎（wěn）颈之交：指同生死共患难的朋友。

蔺相如

听老师讲

廉颇知错能改

这段文字出自《史记·廉颇蔺相如列传》，大意是：蔺相如在渑池之会上成功地维护了赵国的尊严，回国后被封为上卿，地位在廉颇之上。廉颇很不高兴，扬言说："我如果碰到蔺相如，一定要羞辱他。"蔺相如听说了这些话，不肯再同廉颇会面。上朝时，他经常托病不去，不愿意跟廉颇争夺位次的先后。过了一些时候，蔺相如出门，远远地望见了廉颇，忙叫车夫回避。相如说："现在两虎相斗，势必不能共存。我之所以对廉将军忍辱退让，是先考虑国家的急难，后考虑个人恩怨啊。"廉颇听说了，万分感动惭愧，于是，他光着上身，背着荆条，请门客做引导，到相如门上道歉。他说："我这个庸俗浅陋的人，不知道将军您的胸怀竟这样宽广。"终于两人交好，成为同生死共患难的好朋友。

战国后期，秦强赵弱。秦国早有并吞赵国的野心，但碍于赵国有两个栋梁之材——文有蔺相如，武有廉颇，而始终不敢下手。蔺相如以国家的利益为重，面对廉颇的侮辱和挑衅,处处退让,避免发生争斗。他说:"强大的秦国之所以不敢侵犯赵国,就因为有我和廉将军两人。要是我们两人不和,秦国知道了,就会趁机来侵犯赵国。"

廉颇听说了蔺相如的话,知道蔺相如处处回避他,并非胆怯,而是以国家利益为重,自己却居功自傲,一心只想着自己的利益,真不应该。于是亲自上门道歉,负荆请罪。

赵国将相和睦,齐心协力,秦国短时期内便不敢觊觎赵国了。

廉颇

以人为镜

以铜为镜①,可以正②衣冠;以古为镜,可以知兴替③;以人为镜,可以明④得失。

《贞观政要·任贤》

注解

① 以铜为镜:古代的镜子是用铜做的。
② 正:使……端正。
③ 兴替:王朝的兴盛和衰亡。
④ 明:明白,清楚。

唐太宗

|听老师讲|

唐太宗的三面"镜子"

这段文字的大意是:用铜来做镜子,可以照见衣服和帽子是不是穿戴得端正;用历史来做镜子,可以知道朝代兴亡盛衰的原因;用人来做镜子,可以明白自己的是非对错。

贞观十六年(642),魏徵染病去世。唐太宗亲自前去吊唁(yàn),他痛哭失声,悲伤地说:"现在魏徵死了,我失去了最珍贵的一面镜子。"

那么,为什么唐太宗会把魏徵当成自己的镜子呢?

魏徵是唐太宗的谏议大夫,专门负责向皇帝提意见。因为有了魏徵,唐太宗没有沉湎于寻欢作乐的生活。有一次,唐太宗想要去南山游玩打猎,车马都准备好了,最后还是没敢去。魏徵外出回来,听说了这件事,就问太宗为何没去,唐太宗笑着回答道:"我起初是想去打猎,可后来一想,怕你责备,也就不敢去了。"

还有一次,有人送给太宗一只鹞(yào)鹰,太宗非常喜欢,正把它架在手臂上玩耍时,远远地看见魏徵走来了。太宗十分紧张，怕魏徵责备他，就把鹞鹰藏在怀里。其实魏徵早就看到了，为了不让太宗玩物丧志，那天魏徵故意没完没了地谈论公事。等魏徵终于告辞离开，唐太宗连忙从怀中取出鹞鹰，却发现早已"鹞死怀中"了。

正因为有魏徵这面镜子，唐太宗没有像一般君主那样好大喜功。贞观中期，大臣们怂恿唐太宗去泰山封禅，以炫耀功德，只有魏徵表示反对，他说："皇上功劳虽然大，但百姓受益还不够多；现在虽然天下太平，可百姓还不富裕。战争也才刚过去十年，国家的元气还没有恢复；这时候如果去拜泰山，夸耀自己的成就，恐怕还太早了。而且这一去耗费大，赏赐多，反而会增加人民的负担。明知道只是图一个虚名，为什么还要这么做呢？"唐太宗觉得他说得有理，就放弃了封禅。

魏徵还督促唐太宗不断反思自己的过错，他劝太宗要接受各种批评意见，有则改之，无则加勉。贞观十二年（638），魏徵看到唐太宗逐渐懒于政事，追求浮华的享乐,便写下了著名的《十渐不克终疏》,指出唐太宗执政以来的十个缺点。而太宗在魏徵这面镜子前,也的确能不断反思,不断进步。

其实,每一个人的成长都需要唐太宗所说的这三面镜子,一面是真实的镜子,它形成了人最初的自我认识;一面是历史之镜,它使一个人对人生和世界看得更为明晰通达;最重要的第三面镜子,是"以人为镜",是出于爱而批评我们的师长或朋友,是魏徵式的"人镜"。

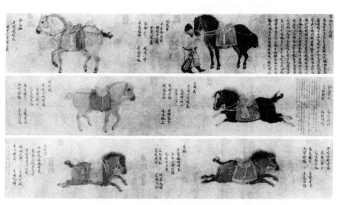

唐太宗昭陵六骏

第六单元

义利之辨

道德利益慎选择

- ◎ 万事莫贵于义
- ◎ 舍生取义
- ◎ 取财有道
- ◎ 视死如归
- ◎ 以义为荣

中国古代的玉文化

中国的玉文化可以说是源远流长，博大精深。在距今约七千年前的南方河姆渡文化以及太湖流域的良渚文化、辽河流域的红山文化中，都留下了玉文化的踪迹。玉是古人尊崇的神物，是古人审美观念的体现，更是中华民族美好品德的化身。中华民族以"爱玉"和"尊玉"而著称于世。

玉温润莹泽，含蓄坚韧，具有一种内在的、精神的价值。东汉许慎的《说文解字》说："玉，石之美有五德。"在《礼记》中，孔子解释了玉的种种美德：玉质温柔滋润而有恩德，象征仁；坚固致密而有威严，象征智；锋利、有气节而不伤人，象征义；雕琢成器的玉佩整齐地佩挂在身上，象征礼；玉石在敲击之下声音清脆悠扬，象征乐；玉上的斑点掩盖不了玉的美，同样，美玉也不会去隐藏斑点，象征忠；光彩四射而不隐蔽，象征信……因此，孔子总结说：天下没有不重视玉的，因为它象征着道德。

传统儒家思想认为，君子应当是外表恭顺，内心坚韧；待人宽容，对己严格；光华内敛，毫不张扬。在古人心目中，玉有美德，而君子也具有高洁的品行，玉的品德和君子最为相近，所以人们常说："谦谦君子，温润如玉。"

《礼记》云："古之君子必佩玉。""君子无故，玉不离身"是古代的一个传统。君子佩玉，目的是时时提醒自己提高道德修养，像玉一样冰清玉洁，保持高尚的品格。

玉 凤

万事莫贵于义

子墨子曰:"万事莫贵于义。今谓人曰:'予①子②冠履③,而断子之手足,子为④之乎?'必不为。何故?则冠履不若⑤手足之贵也。又曰:'予子天下而杀子之身,子为之乎?'必不为。何故?则天下不若身之贵也。争一言以相杀,是贵义于其身也。故曰:万事莫贵于义也。"

《墨子·贵义》

注解

① 予:给,送。
② 子:你。
③ 冠履(lǚ):帽子和鞋。
④ 为:干,做。
⑤ 不若:不如。

听老师讲

墨子制止战争

这段文字出自《墨子·贵义》,阐述了义的重要价值。墨子说:"世间万事万物没有比义更珍贵的了。现在对人说:'送给你帽子和鞋,但是要砍断你的手脚,你会同意吗?'那人一定不会同意的。为什么呢?那是因为鞋帽不如手脚珍贵。又说:'送给你天下,但要杀死你,你会同意吗?'那人也一定不会同意。为什么呢?那是

墨 子

因为天下不如性命珍贵啊。为了争辩一句话而互相残杀,那是因为把义看得比自己的性命还要珍贵啊!所以说:世间万事万物没有比义更珍贵的了。"

墨子是春秋时期伟大的思想家、墨家学派的创始人。根据《庄子·天下》的记载,他把治理洪水的大禹作为崇拜的偶像,带着门人穿简朴的衣服,吃粗茶淡饭,日日夜夜辛苦地劳动。同时,墨子又特别提倡义,主张"万事莫贵于义",人们的一切言论和行动,都要服从于义。他批评一般的人只是在嘴上说仁义道德,实际上却不能做到,而他本人则勇于行义,四处奔走,以阻止不义的战争。

墨子行义,最著名的故事就是止楚攻宋。这个故事记载在《墨子·公输》中。他听说楚国要利用云梯去侵略宋国,就急急忙忙地跑到楚国去,跑得脚底起了泡,出了血,他就把衣服撕下一块裹着脚走。这样奔走了十天十夜,赶到了楚国的都城郢(yǐng)都。

墨子先去见为楚王造云梯的公输般,对公输般说:"北方有个人侮辱了我,你帮我杀了他吧。"公输般很不高兴。墨子又说:"我会付给你十两金作为报酬。"公输般生气地说:"杀人这种不义的事情我不做。"于是墨子质问道:"听说你为楚王制造了云梯来攻打宋国。宋国的百姓犯了什么过错?去伤害那些无辜的百姓,这不也是不义的事情吗?"公输般说:"不行呀,我已经答应楚王了。"墨子就要求公输般带他去见楚王,公输般答应了。

在楚王面前,墨子很诚恳地说:"楚国土地很广阔,

考古发现的石锯。传说锯子是由公输般发明的。

方圆五千里，地大物博；宋国方圆不过五百里，土地并不肥沃，物产也不丰富。大王为什么有了华贵的车马，还要去偷人家的破车呢？为什么要扔了自己的绣花绸袍，去偷人家的一件旧短褂子呢？"

楚王虽然觉得墨子说得有道理，但还是不肯放弃攻打宋国的打算。公输般也认为用云梯攻城很有把握。墨子直截了当地说："你能攻，我能守，你也占不了便宜。"他解下了身上的衣带，在地下围着当作城墙，再拿几块小木板当作攻城的工具，叫公输般来演习一下，比一比本领。

公输般采用一种方法攻城，墨子就能找出相应的守城方法。公输般用了九套攻法，把攻城的方法都使完了，可是墨子还有好些守城的高招没有使出来。公输般呆住了，但是心里还不服，说："我想出了办法来对付你，不过现在不说。"墨子微微一笑说："我知道你想怎样来对付我，不过我也不说。"

楚王听两人说话像打哑谜一样，莫名其妙，问墨子说："你们究竟在说什么？"墨子说："公输般的意思很清楚,不过是想把我杀掉,以为杀了我,宋国就没有人帮助他们守城了。其实他打错了主意。我来到楚国之前,早已派了三百个徒弟守住宋城,他们每一个人都学会了我的守城办法。即使把我杀了,楚国也是占不到便宜的。"楚王听了墨子一番话,又亲自看到墨子守城的本领,知道要打胜宋国没有希望,只好说:"先生的话说得对,我决定不进攻宋国了。"这样,一场战争就被墨子阻止了。

墨子所做的这些事,完全是为了实践自己的主张,带有一种为义而奋斗的献身精神。他心中的义就是制止战争,让百姓安居乐业。他一生都坚持这样做,不求名,不求利,自甘清苦,只求义的实现。因此,他的事迹广为传颂,他本人更是深受后人景仰。

舍生取义

孟子曰:"鱼,我所欲也;熊掌①,亦我所欲也。二者不可得兼②,舍鱼而取熊掌者也。生③,亦我所欲也;义,亦我所欲也。二者不可得兼,舍生而取义者也。"

《孟子·告子上》

注解

① 熊掌:熊的脚掌,为名贵菜肴。
② 兼:同时拥有。
③ 生:生命。

孟母教子雕像

|听老师讲|

文天祥舍身就义

这段文字选自《孟子·告子上》。孟子说:"鱼是我想要的,熊掌也是我想要的,两者不能够都得到,我就舍弃鱼而要熊掌。生命是我想拥有的,正义也是我想拥有的,两者不能同时拥有,我就舍弃生命而追求正义。"

孟子是我国古代著名的思想家。他三岁丧父,由母亲抚养长大。孟子跟随孔子的孙子子思的门人学习,继承、发扬孔子的思想,成为战国时期儒家的代表人物。他在本篇里提出了一个非常严肃的问题:生命和道义摆在你面前,无法同时得到,让你必须做出选择,你会选哪一个?孟子的回答非常坚决:一旦生存会妨害道义的实现,那么就应该毫不犹豫地选择道义而放弃生命。

这种舍生取义的价值观作为儒家精神的重要组成部分,在孟子之后两千多年的历史上激励了无数仁人志士,使他们为了国家、民族大义或者自己认为有意义的事业,不惜付出生命的代价。

南宋末年,元军南侵,宰相文天祥率领军队奋勇抵抗，但终究因为寡不敌众，兵败被俘。文天祥被押到元军帐中，元军统帅张弘范让他下跪，他坚决不跪，说："我当年出使蒙古的时候，见了你们的宰相，只不过作个揖而已，今天为什么要向你这么一个小小的将军下跪！而且我是为我的国家而死，为什么要向你们这些侵略者下跪！"张弘范看他如此强硬，只好不让他跪了。后来他又让文天祥写信劝说其余的宋军将领投降，文天祥义正词严地拒绝说："我不能拯救我的国家，难道我就可以劝说别人背叛自己的国家吗？"张弘范又说："你们

文天祥《谢昌元座右自警辞》

的国家都灭亡了,就算你用死来表达对国家的忠诚,又有谁会记载你的事迹来表彰你呢?"文天祥大义凛然地说:"当年商朝灭亡了,伯夷和叔齐就是不肯吃周朝的粮食,于是活活饿死了。我跟他们一样,作为国家的臣民,为国尽忠就足够了,有没有人记载、表彰又有什么关系!"张弘范被文天祥的决心和气势所震惊,哑口无言,只好把他押送回元大都。元朝统治者了解文天祥的才干,屡次派人劝他投降,但文天祥始终没有屈服,并写下了"人生自古谁无死,留取丹心照汗青"这样的千古名句,最终英勇就义。

在文天祥看来,民族大义和民族气节是远比荣华富贵乃至生命更重要的东西,因此他会义无反顾地放弃生命。这无疑是受到了孟子舍生取义这一价值观的深刻影响。中华民族的多少英雄儿女,为了自由和正义,抛头颅、洒热血,都可以说是舍生取义的典范。这种精神是永远值得我们铭记的。

取财有道

非其有①而取之,非义也。

《孟子·尽心上》

注解

① 有:具有,拥有。

孟子故里

听老师讲

不取不义之财

这段文字出自《孟子·尽心上》,大意是:不是个人所拥有的而去获取它,是不符合义的要求的。这句话实际上还是在谈论义和利的关系问题。你要获取的东西,就是利,如果这东西不该属于你,而你得到了它,这就是不义的行为。

和孔子一样,孟子也经常谈论义和利的关系,甚至比孔子谈论得还要多。比如根据《孟子·梁惠王上》的记载,孟子去见梁惠王,梁惠王张口就问:"你跑这么老远上我这儿来,是要给我带来什么利益吗?"孟子马上回答道:"大王您怎么一张嘴就提利益呢?我要跟您说的是仁义。"然后就开始滔滔不绝地谈论义和利的关系。

儒家学者一向提倡重义轻利,但并不是让大家只谈道义不谈钱,而是让大家在义和利发生冲突的时候,先去考虑义的问题,比如说,不要获取不义之财。西汉刘向编纂的《列女传》中就有这样一个故事:

齐国的宰相田稷子私自收受了一个下属官员的二千

两金，拿给了他的母亲。他的母亲很奇怪，说："你才做了三年的宰相，你的俸禄也没有这么多吧？"田稷子说："是我下属的一个官员给我的。"他的母亲非常生气，严厉地斥责他说："我们的国君给了你高官厚禄，你应该誓死效忠君王，廉洁奉公，才算对得起君王。现在你收受他人的钱财，就是对君王的不忠，也就是对我的不孝。这钱是不义之财，我不要；你是个不孝之子，我没有你这样的儿子。"田稷子听了十分惭愧，便把二千两金都退还给了那个官员，又去向齐王认错。齐王非常赞赏田稷子母亲的高尚品德，赦免了田稷子，也重赏了田稷子的母亲。

显然，田稷子最初只看到了利，于是见利而忘义，他的母亲却始终把义放在第一位，这个义的具体内容就是要廉洁奉公、效忠君王。故事的最后，田稷子的母亲得到了重赏，她没有拒绝，也不必拒绝，因为这是她应该得到的。由此我们也可以看到，义和利也不是不能共存的，只要把义放在第一位，然后再去正当地获利，就是正确的。

视死如归

宁①以义死,不苟②幸③生,而视死如归。

欧阳修《纵囚论》

注解

① 宁:宁可。
② 苟:苟且。
③ 幸:侥幸。

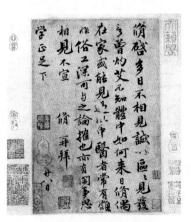

欧阳修《灼艾帖》

听老师讲

颜真卿从容就义

欧阳修是北宋著名的文学家,在散文、诗、词等各方面都有杰出的成就。这句话出自他的《纵囚论》,大意是说,宁可因义而死,也不苟且侥幸地活着,看待死亡就像回家一样平常、自然。

这其实就是孟子主张的舍生取义。这种精神铸就了中华民族的浩然正气。唐朝的颜真卿就是一位舍生取义、视死如归的英雄。

颜真卿是杰出的书法家。安史之乱期间,颜真卿就曾与堂兄颜杲卿联合起兵抗击安禄山叛乱。安史之乱后,唐王朝衰落下来,各地节度使乘机扩充兵力。公元782年,五个藩镇同时发动叛乱,其中淮西节度使李希烈兵势最强。他自称天下都元帅,向唐朝中央进攻。形势危急,唐德宗命令德高望重的颜真卿前去劝降。

颜真卿来到李希烈的大营,宣读皇上招降诏书,李希烈暗中让属下一千多人聚集在厅堂内外,提着利刃,围住颜真卿谩骂,威胁要杀了他。颜真卿毫不畏惧，面不改色。李希烈只好假惺惺地站起身护住颜真卿，并把他送到驿馆里安顿下来。接下来，李希烈强迫颜真卿给朝廷上书为自己"洗雪冤屈"，颜真卿不答应。于是，李希烈又多次让颜真卿的侄子和部下向朝廷求情，唐德宗都没有答应。颜真卿每次寄家书回去，只是告诫儿子们要敬奉家庙，抚恤孤儿，别的什么都没说。李希烈又多次派人来劝降，都遭到了颜真卿的严词拒绝。

颜真卿像

李希烈见利诱不成，只好把颜真卿关起来，并派士兵看守着。士兵们在院子里挖了一个土坑，扬言要把颜真卿活埋在坑里。颜真卿坦然对李希烈说："我的死活已经定了，何必玩弄这些花招？"颜真卿知道自己这次必死无疑，于是预先给自己写好了遗书、墓志、祭文，并指着囚室西面墙壁下说："这就是我的葬身之地了。"

之后，李希烈想尽了各种办法，软硬兼施，都没能使颜真卿屈服。公元785年，他气急败坏之下派人将颜真卿吊死了。唐朝的三军将士听闻颜真卿遇害，不禁痛哭失声。半年后，叛乱平定，颜真卿的灵柩入京，德宗皇帝停止朝会五日，举国哀悼。

以义为荣

君子义以为质①，得义则重，失义则轻，由②义为荣，背③义为辱。

陆九渊《与郭邦逸》

注解

① 质：本质，实体。
② 由：遵循。
③ 背：违背。

陆九渊像

| 听老师讲

胡铨忠义斗奸臣

这段话出自南宋哲学家陆九渊写给一个叫郭邦逸的人的信，其大意是：君子把道义看作人的本质，有道义的人会受到敬重，丧失道义的人会被人轻慢，遵循道义是光荣之事，违背道义为耻辱之事。

宋代的知识分子很多受到理学思想的熏陶，从小就注意磨砺自己的操行，把义看得无比重要，不惜牺牲个人利益为之奋斗。南宋初期的胡铨就是其中一位。

南宋初年，秦桧当权，卖国求荣，对北方金朝贵族统治者的侵犯采取屈膝求和的态度。当时在朝中任职的胡铨坚决反对这种向敌人讨好献媚的做法，并在南宋高宗绍兴八年（1138）给皇帝写了一封奏疏，痛心疾首地陈述求和的危害，极力反对向金朝屈膝投降，同时痛斥以秦桧为首的投降派的所作所为，并要求斩杀秦桧，以此振奋民心，然后举兵北上，收复失地。在奏疏的最后，他还慷慨激昂地说："如果陛下您听信秦桧等人的话，接受了那些丧权辱国的和谈条件，那我宁愿跳东海而死，也不愿意在金人的统治之下苟活！"

　　胡铨的这一义举得到了当时朝中正义官员和老百姓的称赞，甚至连金人都对此感到震惊和钦佩，但他也因此遭到了秦桧等人的嫉恨，被贬官到边远地区，甚至一度被贬到了当时还很荒凉的海南岛。然而胡铨不屈不挠，无论遭到怎样的迫害，都始终反对议和，主张收复失地。秦桧死后，他又回到了朝中，继续和投降派做斗争。由于投降派势力强大，当时的皇帝也倾向于与金人和谈，因此胡铨还是屡屡遭到迫害和贬官，但他直到去世都没有改变自己的主张。因为他觉得这是义的要求，是自己作为朝廷的臣子应该去做的事情。

　　胡铨的忠义之举得到了当时及后世的称赞，而他自己对此也感到很自豪。他在一首诗中这样写道："平生忠义心中许，要使奸雄胆上寒。"这正是他一生的真实写照。

第七单元

正气浩然

维护正义守气节

- ◎ 浩然之气
- ◎ 不为五斗米折腰
- ◎ 大丈夫气节
- ◎ 坚守正义
- ◎ 临大节而不可夺

"节操"与"符节"

翠竹经冬不凋,自成美景,常被看作不同流俗的高雅之士的象征。你知道吗,我们常说的"节操",就和这"岁寒三友"中的竹密切相关。因为,"节"的本义是"竹节"(竹子主干之间的连接处),而我们的古人从翠竹虚心有节、刚直谦逊、潇洒处世的自然美中感悟到了一种人格美、道德美,觉得人应该像竹子那样坚守自己的信念、理想、使命,于是,"节"就由"竹节"引申出了"节操"这层含义。唐诗中有"竹死不改节,花落有余香"之句,宋诗中有"未出土时先有节,便凌云去也无心"之句,明诗中有"玉碎不改白,竹焚不毁节"之句,这里的"节"都是一语双关,既指竹节,又指人的节操、气节。

除此之外,"节"还引申出了"使节""时节""节奏""法度""节制""符节"等含义。在这些含义中,现代人最不了解的恐怕是"符节",因此我们在这里对它做些简要的解释。

所谓符节，是古代委任官员、派遣使者或调兵时的信物和凭证，它一般用竹、木、玉、铜等制成，刻上文字，分成两半，一半存在朝廷中，一半给外任官员或出征将帅。具体地说，国君委任官员时，要授予他一个任职凭证，这个凭证就叫符节，又叫符信；使臣受命出使别的国家，国君也要给他出使凭证，这种凭证也叫使节。作为任职凭证的符节大多用铜铸成，并根据任职地区的不同，分别铸成不同的动物形象。到山区任职的，授予"虎节"（虎形的符节）；到平原地区任职的，授予"人节"（人形的符节）；到湖泽地区任职的，授予"龙节"（龙形的符节）。作为出使凭证的使节一般都用竹制成节杖，上面缀着牦牛尾等装饰品。

浩然之气

"敢问①夫子②恶乎长③?"

曰:"我知言④。我善养吾浩然⑤之气。"

"敢问何谓浩然之气?"

曰:"难言也。其为气也,至大至刚⑥,以直养而无害⑦,则塞于天地之间⑧。其为气也,配义与道⑨;无是⑩,馁⑪也。"

《孟子·公孙丑上》

注解

① 敢问:请问。
② 夫子:学生对老师的尊称,这里指孟子。
③ 恶(wū)乎长:擅长什么。
④ 知言:了解言辞。
⑤ 浩然:盛大。
⑥ 至大至刚:最广大最刚强。
⑦ 以直养而无害:用正直去培养它而不加害它。
⑧ 塞于天地之间:充满天地之间。
⑨ 配义与道:与正义和道德匹配。
⑩ 无是:没有这。
⑪ 馁(něi):消退,丧失。

听老师讲

齐太史秉笔直书

中国人历来崇尚气节。所谓气节,就是指坚持正义、信念、理想、独立的人格等美好的品质,在各种挑战面前都不屈服、不改变。"气"和"节"最开始是两个独立的概念,所谓"气",指的是人的精神面貌。人的精神面貌有天生的因素,但更多的是后天养成的。所以大思想家孟子特别强调"养气"。养什么样的气呢?养"浩然之气"——正大刚直的精神。

有一次,孟子的弟子公孙丑问孟子,说:"请问老

一身浩然正气、秉笔直书的太史公司马迁

师,您的长处是什么?"

孟子说:"我善于分析别人的言论。而且我善于培养内在的浩然之气。"

公孙丑又问:"那什么叫浩然之气呢?"

孟子说:"这个很难说透。如果大致去说的话,它十分浩大,没有限量,不可屈服,要用正直去培养它而不加害它,它就会充满天地之间,无所不在。秉持这种气的人心中无所亏欠,心思纯正。这种气是正义和道德感在内心中日积月累而形成的。如果心里没有了正义和道德感,它也就消退无力了。"

我们说,人如果能养成浩然之气,行为就会勇敢而决断,没有疑虑和忌惮。在大是大非的关键时刻,许多人正是秉承着这股正气,敢作敢为,经受住了生死的考验。

春秋时期,齐国的大夫崔杼(zhù)杀了国君齐庄公,记录历史的官员太史立刻写道:"崔杼弑(shì)其君。"弑君是以下犯上杀死自己国君的意思,用"弑"字记录历史事实,其中就暗含了对崔杼行为的贬抑和批判。这样的记载会让崔杼在历史上臭名昭著，所以崔杼杀掉了太史。古代太史这个官职是家族传承，太史死了，他的二弟接替了哥哥的工作，仍然按照事情的真相来记录，结果也被崔杼杀死了。三弟继任之后仍然直书"崔杼弑其君"，结果也被杀了。两个弟弟被杀之后，最小的弟弟接替太史的职位，也按"弑君"来书写历史。到了这个时候，崔杼知道没有办法改变历史的写法，只好放了他。

南方一个国家的史官听说齐国太史被接连杀掉，立即拿起笔和书简，奋不顾身，前往齐国，准备尽到自己作为史官的职责。他走到一半得知这件事已经记载好了，才放心返回家乡。

这些不怕杀头的史官们为了留住历史的真相而前赴后继，他们秉承的正是孟子所提倡的浩然之气啊。

不为五斗米折腰

（潜）亲老家贫，起为州①祭酒②，不堪吏职，少日③，自解归④。州召主簿⑤，不就。躬耕自资。……以为彭泽令。……郡遣督邮⑥至，县吏白应束带见之，潜叹曰："我不能为五斗米⑦折腰⑧向乡里小人。"即日解印绶⑨去职⑩。

《宋书·隐逸传·陶潜》

注解

① 州：中国古代地方行政区划名。魏晋南北朝时，州是郡以上的一级行政区划。
② 祭酒：主管教育的官员。
③ 少日：没几天。
④ 解归：解除官职回家。
⑤ 主簿：官名，各级主官属下掌管文书的佐吏。
⑥ 督邮：官名。郡守的重要属吏，代表太守督察县乡，传达教令，督察属吏，案验刑狱，检核非法等，无所不管。
⑦ 五斗米：晋代县令的俸禄，后指微薄的俸禄。
⑧ 折腰：弯腰行礼。
⑨ 印绶：印和系印的丝带，这里统指官员的印章。
⑩ 去职：离职，辞去职务。

|听老师讲|

鲁仲连谢绝官爵

陶渊明是东晋著名的诗人，他又名潜，生活在晋宋易代之际十分复杂的政治环境之中。他的曾祖父陶侃曾做到晋朝的大司马，他的父亲官职较低，并且很早就去世了。陶渊明在柴桑的农村里度过了少年时代，他二十九岁曾任江州祭酒，不久就辞职了。后来江州又召他任主簿，他未就任。之后，他又断断续续出来做过几次官，但时间都不长。他最后一次辞官是在彭泽令任上，这次他做了八十多天的县令。

陶渊明在彭泽做县令时，有一次，郡里的督邮到彭泽县检查公务。郡里派人送信给陶渊明，要求他做好迎接准备。县里的官吏告诉他，按照惯例和官场礼节，县令应该束上腰带，穿戴整齐，备好礼品和美食佳肴，恭恭敬敬地迎接上级官员。陶渊明听了感叹说："我决不为小小县令的五斗米薪俸，就低声下气地向那家伙卑躬屈膝、点头哈腰。"说完，他便脱下官服，摘下官帽，交出官印，坐下来写了辞职书，辞官回家。自此之后，陶渊明坚定了归隐的决心，过上了躬耕隐居、独善其身的生活。

在古代，像陶渊明这样的隐士群体不在少数，他们看重人格操守，不愿为了功名富贵或者一时安逸而放弃自己的原则。一旦觉察到官场的黑暗污浊，他们就会选择退隐以保持人格的独立和完整。

战国时的鲁仲连也是一个很好的例子。当时，燕国将领乐毅率五国联军攻打齐国，半年内攻下七十余城。五年后，齐国将领田单想收复聊城，攻打了一年多都没有攻下来。田单派人请来了鲁仲连，鲁仲连利用自己的智慧轻易地收复了聊城。齐王要封鲁仲连官爵，鲁仲连婉言谢绝，说："我与其接受富贵而委屈自己听命于人，还不如固守贫贱，看淡世俗的荣利，让自己过着顺心适志的生活。"于是隐居到东海去了。

大丈夫气节

富贵不能淫①，贫贱不能移②，威武③不能屈④，此之谓大丈夫⑤。

《孟子·滕文公下》

注解

① 淫：放纵，道德堕落。
② 移：改变节操。
③ 威武：权势。
④ 屈：屈服，这里指使人的意志屈服。
⑤ 此之谓大丈夫：这样才能称作男子汉。

范仲淹既富且贵，仍不恋荣华，心忧天下。

|听老师讲|

孟子三不移

什么是大丈夫？孟子在这里给出了一个定义：富贵不能使他道德堕落，贫贱不能使他改变节操，权势不能使他意志屈服——这样的人才有资格叫作大丈夫。

孟子的这句话之所以传诵千古，就是因为它刻画出了中国魂，因为，一代一代有节操的中国人，正是在富贵、贫贱或者武力胁迫面前磨砺出了自己的气节。

"富贵不能淫。"一个人在财多权高的时候，如果放松了对自己的要求，极有可能在道德方面松懈下来。因此，古往今来，那些在富贵之时仍能保持高尚道德情操的人总是让人无限敬仰。北宋名臣范仲淹就是一个让人敬仰的高尚之士。他少年时就怀有大志，以天下为己任。后来出将入相，为官清正干练，给国家做出了非常大的贡献。按照常理，一个人富贵之后是可以过养尊处优的日子的，但范仲淹奉行"先天下之忧而忧，后天下之乐而乐"的人生准则，一直过着清贫节俭、乐善好施的生活。他在广德军司理参军任满离职时，把钱财都拿来帮助那些贫穷和贤能的人，自己却只剩一匹马，最后只好卖马而回。后来，因为他在边关屡立战功，朝廷赏赐给他很多金银，但他分文不取，全部分给部下。晚年时，他还用自己所积攒的俸禄，在苏州近郊买了千亩良田，称作"义田"，用来救济本家族的穷人。就这样，范仲淹虽然官居高位，既富且贵，但终生清贫。在他逝世的时候，子孙们甚至没有钱财为他装殓并举办像样的丧事。不过，他把救济贫寒、养活亲族、忧国忧民的道义留给了子孙和后来的中国人。

"贫贱不能移。"明末清初的大学者王夫之在抗击清兵失败后，隐居石船山。他晚年身体不好，生活又贫

王夫之

困，连写作的笔纸都要靠朋友周济。在他七十一岁时，清廷官员来拜访这位大学者，想赠送些吃穿用品。王夫之虽在病中，但认为自己是明朝遗臣，拒不接见清廷官员，也不接受礼物，并写下一副对联，以表明自己的情操："清风有意难留我，明月无心自照人。"

"威武不能屈。"春秋时，齐国大夫崔杼杀死了庄公，把朝廷中的士大夫都集合在一起，要大家参加盟誓，并规定盟誓的人必须解下佩剑才能进去。在盟誓时，凡是誓词念得不畅快，手指没有沾血的人，就被认为心不诚，崔杼就这样一连杀了十个人。轮到晏子时，他捧着盛血的杯子，仰面长叹道："唉！崔杼谋杀君主，做了不合正道的事。"参加盟誓的大夫都惊恐地看着他。崔杼对晏子说："如果你顺从我，我和你平分齐国；如果你不顺从我，我就杀了你。希望你认真地考虑考虑。"晏子回答说："贪图利禄而背叛国君，不是仁义之人；在武力威胁面前丧失气节，不是有勇气的人。"崔杼喝令士兵用剑顶着他的胸膛，用钩子勾着他的脖子，但晏子仍然面不改色，丝毫不向崔杼屈服。崔杼无可奈何，最后只得放了他。

坚守正义

义死①不避斧钺②之罪,义穷③不受轩冕④之服。

刘向《新序·义勇》

注解

① 义死:为正义事业而死。
② 斧钺(yuè):古代的两种兵器名,后泛指刑罚、杀戮。钺,古代兵器,用青铜或铁制成,形状像板斧而较大。
③ 义穷:为正义事业而穷困。
④ 轩冕:指高官厚禄。轩,古代一种专供高官乘用的车。冕,礼帽,官帽。

商代钺

听老师讲

田卑不避斧钺

刘向(约前77—前6),本名更生,字子政,西汉末年学者。《新序》是他编写的一部故事集,里面分类记载了先秦至西汉的很多小故事。

本文的两句话就出自《义勇》篇,故事说的是春秋时期,晋国中牟县的县令佛(bì)肸(xī)占据了县城造反。他派人架了一口大鼎放在庭院之中,企图以此法来要挟士大夫们跟他一起作乱。鼎内沸水滚滚,不少人已为之变色,佛肸此时满脸杀气,对招来的士大夫们说:"跟着我造反的,我会给他们赏赐;谁要是胆敢不依从我,我就把他扔到鼎里去煮。"士大夫们面面相觑,胆战心惊,全都表示愿意顺从佛肸的意志。

轮到田卑表态了,他面不改色地走上前来,就说了这么两句话:"义死不避斧钺之罪,义穷不受轩冕之服。无义而生,不仁而富,不如烹!"大意是说:"为了道义和正义,一个人可以忍受刀砍斧劈;为了道义和正义,一个人再穷也能忍受,不会去羡慕荣华富贵。如果要我苟且偷生，为富不仁，那你不如把我煮了！"说着一边脱衣服一边冲着大鼎走去，毫不畏惧。刚才还气势汹汹的佛肸没想到世上还有这么不怕死的人，一下子被震撼了，赶紧上前去阻止了他。

　　人，最宝贵的是生命，但是面对敌人的威逼利诱，我们应该怎样抉择？上面这个故事中的田卑，只不过是一个小人物，却能够为了坚守正义而慷慨赴死，实在值得我们敬佩。

晋国都城遗址

临大节而不可夺

曾子曰:"可以托六尺之孤①,可以寄百里之命②,临大节而不可夺③也,君子人与④?君子人也。"

《论语·泰伯》

注解
① 六尺之孤:这里指幼主。孤,死去父亲的小孩叫孤。六尺,古人以七尺指成年人,六尺大概是十五岁左右小孩的身高。
② 寄百里之命:指托付国家政权。寄,寄托,委托。百里,古代诸侯封地方圆百里,因此用百里指诸侯国。
③ 临大节而不可夺:指事关国家、民族存亡安危之时,能保持临难不苟的节操。
④ 与:同"欤",语气词。

|听老师讲|

周公不负重托

曾子说:"可以把年幼的君主托付给他,可以把国家的政权托付给他,在生死存亡的紧急关头不改变自己的节操,这等人,可称君子了吧?真可算得君子了!"

中国古代常常有"托孤"的事情:君主去世时,如果继承人还很小,君主总要在临终前把他托付给最信任的大臣。这样的大臣往往具有超凡的才能,深得君主的信任,甚至有能力通过手中的权力废黜年纪尚幼的新君主,自己取而代之。那些禁不住权力诱惑而辜负君主的信任、改变自己的节操、谋权篡位的人,必然会遭到后

曾子墓

世的唾骂。而那些大权在握却又能忠心耿耿地辅佐年幼的君主的臣子，都足以名垂青史。西周初年的著名政治家周公旦（大家习惯称他为周公）就是这样的人。

周公是周武王的弟弟，曾经辅佐武王消灭了殷商政权，建立了周朝。但是周朝建立刚刚两年，武王就病逝了，只留下一个年幼的儿子，就是周成王。武王在临终前曾经嘱咐周公，让他好好辅佐成王。周公时刻牢记哥哥的嘱托，尽心尽力地操劳国事。

为了治理好国家，周公特别注意招纳天下贤才。他彬彬有礼地接待每一个找他的人，跟他们深入交谈，以便能发现贤才。

有时候，他正在洗头发，突然有客人来拜访他，他只好把头发握在手里出去接待。第一个客人刚走，他还没来得及洗好头发，不料第二个、第三个客人又来了。就这样，他洗一次头发，有时候要停好几次。

有时候，他正在吃饭，客人来了，他赶紧放下碗筷，吐出嘴里的食物，急匆匆地去接待客人。

周公像这样尽心尽力地辅佐成王，管理国事，天下人都诚心归附周王朝。可是他的兄弟管叔、蔡叔、霍叔在外面造谣，说周公操劳国事是因为他早就盯上了王位，企图废黜成王，自己做天子。纣王的儿子武庚一心想着恢复他殷商的王位，就和管叔、蔡叔串通一气，联合东方夷族闹起叛乱来。

周公用自己的智慧平息了谣言，安定了内部，然后亲自率领大军东征。三年之后，他终于平定了武庚等人的叛乱。管叔一看武庚失败，就上吊自杀了。接下来，周公免去了霍叔的职务，将蔡叔流放。

周公用自己的赤诚和勤勉巩固了周王朝的统治。此外，他还推行道德教化，减轻刑罚，为周朝制定了一套典章制度。当成王满二十岁时，周公就把政权还给了他。

周成王和他的儿子康王，在前后近五十年的时间里，一直都在沿用周公的治国策略和典章制度。这是周朝强盛的时期，历史上叫作"成康之治"。而"成康之治"是与周公这位"临大节而不可夺"的托孤大臣的功劳分不开的。

第八单元

清廉节俭

修身治国在心正

- ◎「不贪」为宝
- ◎ 暮夜却金
- ◎ 敢饮「贪泉」
- ◎ 物来不易
- ◎ 训俭示康
- ◎ 俭昌奢败

你必须知道的

古代的巡视与监察

清正廉洁是古今中外对政府官员的基本要求，也是政府官员的基本素质和道德准则。为了保证官员廉洁奉公，我国古代形成了一整套严密的监察制度。

巡视制度在我国古代监察制度中占有重要的地位。传说中的古代天子尧、舜，每过五年就要率领百官和侍从去巡狩四方，考察地方诸侯的政绩和品德，这就是天子巡狩制。巡狩制是后世巡视制度的起源。

夏、商、周时，有负责监察的官吏，对称臣纳贡的异姓诸侯和分封的同姓诸侯进行监察。到了战国时期，又有巡行、巡县制度，国君、相国、郡守都可以巡视地方。秦始皇统一六国后，确立了中央派人巡视和郡级定人巡视的巡视制度，从中央到地方组成了一个较为严密的独立巡视系统。

汉朝时出现了古代巡视制度中最主要的形式，就是中央监察机构分区巡视地方的制度。汉武帝创立了刺史巡视制度，他把全国划分为十三州部，每州部设立一名刺史，共十三名刺史。刺史的工作方法是"乘传周流"，"传"指公家驿站的马车，"周流"的意思是到处巡视。刺史所管辖的郡国，称为"行部"，监察郡守、国相、诸王的不法行为。

后代一直遵循这种中央监察地方的巡视制度，并且使之不断强化。魏晋南北朝时期，御史台成为独立的监察机关。唐朝设有巡察使，明清设有巡按御史等。明朝的都察院由御史台发展而来，负责监察全国官吏，评论政务，规谏皇帝。全国划分为十三个监察区，各设监察御史一人，合称十三道监察御史。清朝都察院沿袭明制，设立十五道监察御史。

巡视制度经历了漫长的发展过程，历代相传，是我国古代有效的监察手段之一。现代我们也仍然沿用这种巡视制度。

"不贪"为宝

宋之野人①,耕而得玉,献之司城②子罕③,子罕不受。野人请曰:"此野人之宝也,愿相国④为之赐⑤而受之也。"子罕曰:"子⑥以玉为宝,我以不受⑦为宝。"故宋国之长者曰:"子罕非无宝也,所宝者异也。"

《吕氏春秋·异宝》

注解

① 野人:农夫,村野之人。
② 司城:官名,即司空,掌管工程营造。
③ 子罕:战国时宋国的大臣。
④ 相国:官名。这是献玉的人用高一级的官名尊称子罕。
⑤ 赐:敬称对方的给予。
⑥ 子:古代对人的尊称。
⑦ 不受:不贪财货。

听老师讲

子罕拒贪

这段文字出自《吕氏春秋·异宝》。《吕氏春秋》是战国时期秦相国吕不韦召集门客编写的一部书,主要记录当时的一些见闻,其中有很多有趣的故事。

这个故事的大意是:宋国有个农夫,在种田时挖到一块玉石,他拿着玉石想把它献给当时的司城子罕,子罕不肯接受。农夫很真诚地说:"这是我一个村野之人得到的宝贝,但愿相国把这作为对我的赏赐,接受它吧。"子罕说:"您觉得玉石是宝贝,而我觉得不贪才是最宝贵

《吕氏春秋》书影

的。"所以，宋国的长者听说这件事后评价说："子罕并不是没有宝贝，他所宝贵的与人不同罢了——他以'不贪'为宝。"

很显然，玉石是块宝贝，但在子罕看来，还有比玉石更宝贵的东西，那就是清正廉洁的品质。如果接受了玉石，自己最珍贵的道德品质就丢掉了。

子罕不仅自己如此廉洁，还主动帮助别人克服贪婪的毛病。

有一次，宋国的大臣向戌通过奔走、调解，制止了一场大的战争。他自以为功劳很大，就去请求宋平公的赏赐。宋平公赏给他六十座城镇。他很高兴地跑去告诉子罕，子罕非但没有向他表示祝贺，还用刀割毁了宋平公授予他的简册，随后劝告他万万不可因为贪心而毁了自己。向戌听后立刻醒悟过来，便不再接受赏赐的城镇，并且逢人就说："我险些把自己毁了，幸好子罕帮了我一把，没有比这更大的恩德了！"

暮夜却金

杨震①字伯起，弘农华阴人也。……年五十，乃始仕②州郡。……四迁荆州刺史③、东莱④太守。当⑤之⑥郡，道经昌邑⑦，故⑧所举荆州茂才⑨王密为昌邑令，谒⑩见，至夜怀金十斤以遗⑪震。震曰："故人⑫知君，君不知故人，何也？"密曰："暮夜无知者。"震曰："天知、神知、我知、子知。何谓无知？"密愧而出。后转涿郡⑬太守。性公廉，不受私谒。

《后汉书·杨震传》

注解

① 杨震：东汉著名清廉官员，有"关西孔子"之称。
② 仕：为官，任职。
③ 荆州刺史：汉代所置十三部刺史之一。辖境主要包括今湖北、湖南两省。
④ 东莱：郡名，在今山东莱州一带。
⑤ 当：在。

⑥ 之：往，去。
⑦ 昌邑：古县名，今山东巨野东南。
⑧ 故：过去，从前。
⑨ 茂才：秀才。汉时开始与孝廉并为举士的科名，东汉时避光武帝讳改称"茂才"。
⑩ 谒（yè）：拜见。
⑪ 遗（wèi）：馈赠，赠送。
⑫ 故人：汉代人在门生故吏面前的自称。
⑬ 涿郡：郡名，治所在今河北涿州。

司马迁

班　固

听老师讲

"四知太守"杨震

这个故事出自《后汉书·杨震传》。《后汉书》是南朝宋著名史学家范晔写的一部记载东汉一个朝代历史的史书,与司马迁的《史记》、班固的《汉书》、陈寿的《三国志》并称为"前四史"。

杨震,字伯起,是弘农华阴(今属陕西)人,五十岁那年才开始出任州郡官员。他四次迁任,先后任荆州刺史、东莱太守。杨震在往东莱郡赴任的途中,经过昌邑,过去他任荆州刺史时举荐的茂才王密当时是昌邑县令。王密前来拜见杨震,到了晚上,王密拿出怀里带的十斤黄金赠送给杨震。杨震说:"我了解你,但你不了解我——我是那种贪图钱财的人吗?你为什么要这样做?"王密说:"现在夜深人静,您收下不会有谁知道的。"杨震厉声说道:"这件事情天知道、神知道、我知道、你知道。怎么说没有人会知道呢?"王密羞愧不已,只好收起黄金离开了。杨震后来转任涿郡太守。他品性公正廉明,不接受私下里的拜见。

杨震因为说出了"天知、神知、我知、子知"这句话，被后人誉为"四知太守"。从这"四知"里面，我们分明感受到了他拒绝接受这份不义之财的坚定信念。其实王密是他当年推荐的茂才，王密来送金，这是个报答恩情的行为，如此严厉地拒绝，好像有些不近人情。但是杨震偏偏认为，为国家举荐人才，这是作为一个官员应该履行的职责，这笔钱终究是不该接受的。如此清正廉洁的官员，实在难得。

杨　震

敢饮"贪泉"

隆安①中,以隐之②为龙骧将军、广州刺史、假节,领平越中郎将。未至州二十里,地名石门,有水曰贪泉,饮者怀无厌③之欲。隐之既至……乃至泉所,酌而饮之,因赋诗曰:"古人云此水,一歃④怀千金。试使夷齐⑤饮,终当不易心。"及在州,清操逾⑥厉。

《晋书·良吏传·吴隐之》

注解

① 隆安:东晋安帝司马德宗的年号(397—401)。

② 隐之:吴隐之,字处默,濮阳鄄城(今山东鄄城县北)人。

③ 厌:满足。

④ 歃(shà):饮。

⑤ 夷齐:伯夷和叔齐。他们是商朝末年孤竹君的长子和次子。起初孤竹君让次子叔齐做继承人,孤竹君死后,叔齐让位于伯夷,伯夷不愿接受,后来两人都投奔到周。到周后,他们反对周武王进军讨伐商纣王。武王灭商后,他俩逃进首阳山,不吃周朝土地产的粮食而饿死。

⑥ 逾:更加。

> 听老师讲

贪泉与廉泉

东晋隆安年间,朝廷任吴隐之为龙骧将军、广州刺史,手持令节,兼任平越中郎将。距广州二十里,有个叫石门的地方,有一处泉水名叫贪泉,传说饮了这泉水的人就会怀有无法满足的欲望。吴隐之到了石门,来到贪泉所在地,喝了一杯贪泉水,还写了一首诗,大意是说:"古人说这贪泉水,饮了就会使人贪财图利。假使叫伯夷、叔齐来饮这水,他们守志的心终究不会改变。"等到上任为广州刺史,吴隐之在操行上越发清廉,完全没有像传说中那样变得贪婪。

有趣的是,除了贪泉之外,在江西赣州还有一处廉泉。相传,在南朝宋的元嘉年间,赣州郡守清正廉洁,治下民风淳朴,百姓安居乐业。有一天晚上忽然雷声大作,一眼泉水从地下喷涌而出,泉水明净而甘甜。为了表示对郡守的感恩之情,百姓名此泉为廉泉,既歌颂了郡守的功德,又表示希望当地的廉洁风气像泉水一样源源不绝。

几百年后，北宋大文豪苏东坡来到此地，在廉泉边上与友人彻夜长谈后写下了一首诗，其中有两句，大意是说：廉洁是个人的操行，只跟个人品质有关，跟这泉水有什么关系呢？那又为什么要用"廉"来命名泉水呢？其实无论贪泉还是廉泉，都只不过是一眼普通的泉水而已，是贪是廉完全看个人的品质。因此只要洁身自好，严于律己，就算饮了贪泉又能怎样呢？

贪　泉

物来不易

一粥一饭①,当思②来之不易;
半丝半缕③,恒念④物力维艰⑤。

朱柏庐《治家格言》

注解

① 一粥一饭:一碗粥一碗饭,或一顿粥一顿饭。
② 当思:应当想到。
③ 缕:线。
④ 恒念:常常想到。
⑤ 物力维艰:物产资财来之不易。物力,生产财物所付出的劳力。维,助词,无义。艰,艰辛。

朱柏庐

> 听老师讲

"一品宰相"曾国藩

这是明末清初朱柏庐《治家格言》中最广为传颂的一段话,意思是:即使是一碗粥一碗饭,也应当想到它来之不易;即使是半根丝半根线,也要想到它来自艰辛的劳动。

朱柏庐在这里谈勤俭持家,不是空发议论,而是要求人们从最细微的地方做起,重视"一粥一饭""半丝半缕",体谅劳动者生产这些财物的艰辛。我们的食物和衣裳,要通过劳动者的辛勤劳动生产出来,来之不易,不能轻易浪费。

勤俭节约关乎一个人的功名事业,甚至身家性命,也关乎一个国家的兴衰。清朝晚期的名臣曾国藩关于勤俭有一段很好的话,他说:"自身勤俭,就能自立自尊,不求他人;治家勤俭,就能家业兴隆,长期兴盛;做官勤俭,就会以俭养廉,身居高位也不倾败。"曾国藩做过两广总督、直隶总督等高官,但无论官位有多高,他的生活一直很简朴。他睡觉时床上铺草席,盖土布。他穿的布袍鞋袜，都是他的夫人亲手做的，衣服上常有补丁。他三十岁时做了一件青布马褂，只在每逢喜庆时才穿一次，三十年后仍然像新的一样。他吃的也是粗茶淡饭，即使是身居高位之后，如果不是有客人来，每次吃饭也只吃一个荤菜，因此被人戏称为"一品宰相"——"一品"指的就是"一荤"。

曾国藩不仅自己节俭，还屡次劝告家人、属下、朋友勤俭节约，精心塑造一种能够润泽子孙、泽被后世的家族文化。曾国藩写作的家书被视为治家珍宝，影响广泛。在家书中，他反复嘱咐子侄们要勤俭持家，不可骄奢淫逸。在去世前不久，他还在夜间与儿子详

曾国藩

谈，讲求节俭之法。正因为曾国藩治家有方，曾家后代人才辈出，出过多位外交家、诗人、画家、教育家、科学家。

提倡节俭是古训，在当今的中国更具有现实意义。我们国家人口多，资源严重不足。面对这样的国情，只有人人讲节俭，个个行节俭，举国上下形成节俭的好风气，才能物尽其用，节约资源，留给后人一个美好的家园。

曾国藩书法

训俭示康

由①俭入②奢③易,由奢入俭难。

司马光《训俭示康》

注解

① 由:从。
② 入:进入,转到。
③ 奢:奢侈。

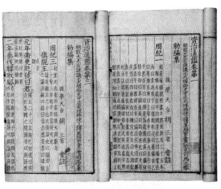

司马光主编的《资治通鉴》

|听老师讲

一双象牙筷与一个王朝

《训俭示康》是司马光写给儿子司马康的一封家书。文中他援引宋仁宗朝初期的宰相张文节的这句话来教育儿子,意思是:从节俭到奢侈很容易,从奢侈转到节俭则很困难。

司马光认为,要养成俭朴这种好的生活作风和优良品德很难,但要丢失它很容易。奢侈这种坏的生活作风和恶行,极易腐蚀人的灵魂,一旦上身,就很难将它清除。

在我国历史上,有一个"纣为象箸而箕子怖"的著名故事,说的是纣王继位后不久,太师箕子入宫,发现纣王用象牙筷子进餐,顿时感到害怕,劝阻纣王。纣王责怪箕子小题大做。箕子却认为,一旦纣王用上了象牙筷子,势必不肯再用陶碗陶杯了,而要用玉碗玉杯;用上了象牙筷子和玉碗玉杯,势必不肯再吃普通饭菜了,而要吃山珍海味;吃了山珍海味,势必不肯再穿粗布衣服,住在茅屋里了,而要浑身上下里里外外都是绫罗绸缎，住在高台大厦里……箕子越想越怕，连声叹息道："见微知著，奢侈的闸门开了一点缝儿就难关上了，这小子迟早要弄坏我们的国家！"

事情果然不出箕子所料，而且比他料想的还要坏得多。纣王从使用象箸玉杯开始，发展到吃山珍海味，穿锦衣华服，住高台大厦，彻底走上了奢侈享乐的道路。由生活上的奢侈腐化，进而发展到政治上的倒行逆

箕 子

施，他以血腥手段打击迫害正直的大臣，甚至把人剖腹挖心、剁成肉酱。谁反对他，他就打击谁、杀害谁。反之，凡是"助纣为虐"的，都能得到重用。

纣王的倒行逆施使商朝的统治力量受到了极大的削弱，周武王乘机率军讨伐纣王，打败了纣王的军队，曾经不可一世的商纣王众叛亲离，最后，他穿上缀满珠玉的衣服，点火自焚。商朝的统治被西周取而代之。

从使用一双象牙筷子到毁掉一个强大王朝，这个故事最后被提炼为"象箸玉杯""见微知著"两个成语。可见，崇尚俭朴能促使人奋进成才，使社会上形成励精图治的良好风气；崇尚奢侈则会使人贪欲滋生，堕入深渊。因此我们应该严格约束自己，坚持以节俭朴素为荣，远离奢侈腐化。

俭昌奢败

历览①前贤②国与家，成③由勤俭败④由奢。

李商隐《咏史》

注解

① 历览：通览，纵观。
② 前贤：前代有成就有道德的名人。
③ 成：成功，昌盛。
④ 败：衰败，衰亡。

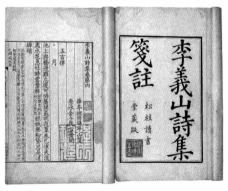

《李义山诗集笺注》书影

|听老师讲|

成由勤俭败由奢

"历览前贤国与家,成由勤俭败由奢。"这是唐代诗人李商隐在《咏史》中对前朝历史进行的概括和总结,意思是:纵观过往的贤人志士、邦国朝代以及家庭家族,昌盛皆因勤俭,败亡皆因奢侈。

唐朝是我国历史上的强盛时期,唐朝的全盛是在唐玄宗统治前期实现的。前期的玄宗生活节俭,他规定三品以下的大臣以及内宫后妃以下的人,不得佩戴金玉制作的饰物,他又下令全国各地一律不得开采珠玉及制造华丽的锦缎。玄宗在开元年间任用的大多数宰相也都以"清俭"著称。此时君臣励精图治,唐朝进入了全盛时期,史称"开元盛世"。

但是后期的玄宗,特别是在宠爱杨贵妃之后,享乐的欲望抬头,逐渐懒于朝政,政治走向腐败。

唐玄宗非常宠爱杨贵妃,想尽办法满足她的要求。杨贵妃爱吃荔枝,荔枝多产于距离京城遥远的巴蜀和岭南,而且保鲜非常困难。为了取悦杨贵妃,玄宗派专人前往四川运送鲜荔枝,由特设的贡道飞马运送到长安。一路上马不停蹄,有时把马都累死了。飞马运送荔枝,在玄宗眼里可能只是一件小事,但是对当时的社会风气造成了恶劣的影响。当时及后世的很多人都写文作诗讥刺这件事。

杨贵妃备受宠幸,其家人也因此鸡犬升天,一个个地位尊崇,骄奢淫逸。玄宗外出游玩,杨氏五家(杨

杨贵妃的姐姐虢国夫人出游赏春。

贵妃的两个哥哥、三个姐姐）随从，每家一队，各穿一种颜色的衣服，五家合队，五彩缤纷。车马后跟从的人很多，以至于堵塞道路；车上装饰着很多珠宝，车过之后，首饰珠玉撒落得满地都是。

统治集团的腐败引发了社会动乱。安史之乱中，玄宗这位当年的明君，在被叛军打得一败再败之后，竟然驾驭不了自己的警卫部队羽林军。在逃难途中，羽林军哗变，要求处死杨贵妃。玄宗只好抱头痛哭，与贵妃告别，两人十几年的浪漫故事在腥风血雨中落下了帷幕。

唐玄宗与杨贵妃的故事令人感慨，大唐帝国由盛转衰的命运也让人嗟叹。看来，无论是个人还是国家都逃脱不了"成由勤俭败由奢"的历史规律。

第九单元

光阴寸金

珍惜时间立功业

- ◎ 天地逆旅
- ◎ 吾生须臾
- ◎ 死生大矣
- ◎ 人生代代无穷已

古人如何计量时间

我国古代,人们发明了很多计量时间的方法和工具,其中最为有名的两种计时工具是日晷(guǐ)和沙漏。

日晷是利用太阳照射投射影子来测量时间的一种工具,通常由铜制的指针和石制的圆盘组成。铜制的指针叫作"晷针",石制的圆盘叫作"晷面"。使用时,观察晷针的影子投在晷面上的位置,就能分辨出不同的时间。日晷的计时精度能准确到刻(15分钟)。

沙漏是让沙子从一个容器慢慢流到另一个容器,根据流出沙子的量来计量时间。在沙漏之前,人们先发明的是漏刻,也就是让水从一个容器流到另一个容器,这样来计量时间。但是北方冬天天气寒冷,水容易结冰,于是人们就用沙子代替了水。

最著名的沙漏是1360年詹希元创制的五轮沙漏。这个沙漏显示时间的方法几乎与现代的时钟完全相同。有趣的是,这种沙漏上有两个木人,每到整点或一刻,两个木人便会自动出来,击鼓报告时刻。

人们希望精确地计量时间,是为了把握时间、珍惜时间。光阴易逝,时不我待,只有抓紧时间去做有意义的事,才能实现人生的价值。

日　晷

天地逆旅

夫天地者,万物之逆旅①也;光阴者,百代之过客也。

李白《春夜宴从弟桃花园序》

注解

① 逆旅:旅舍。

李白《上阳台帖》

| 听老师讲

创造价值，留住永恒

《春夜宴从弟桃花园序》是唐代大诗人李白与堂弟们春夜宴饮赋诗时写的一篇序文。这里所选的是序文开头的两句，意思是：天地是万事万物的旅舍，时光是古往今来的过客。

为什么说天地是万事万物的旅舍呢？我们的古人常常有"以生为寄，以死为归"的观念。什么叫"以生为寄，以死为归"呢？就是说，你来到这个世界上，只不过是离开了家，寄宿在此处而已。而死亡也并不是生命的终结，而是你回到了你最初所在的那个地方而已，就像回家一样。所以，这天地之间就是一个供人临时居住的旅舍，这就是所谓"天地者，万物之逆旅也"。

光阴，本来是绵延无涯的，但是，对于每一个具体的个人来说，它又总是有一定限度的。从个人的角度来看，它分分秒秒始终向前，从不为任何人停留。

孔子曾经在一条大河的岸边上说："逝去的光阴啊，就像这流水一样，不分昼夜地流走了。"时间无情地流逝，像奔腾不息的江水，像古往今来的过客，一去不返。这就是所谓"光阴者，百代之过客也"。

这两句话，展现了李白对生命与人生的深邃思考，也告诉我们"人生如寄，光阴苦短"的道理。我们来到这个世界上，只能存在非常有限的一段时间。而这有限的时间，又在迅速地流逝。正像朱自清先生所说的："洗手的时候，日子从水盆里过去；吃饭的时候，日子从饭碗里过去；默默时，便从凝然的双眼前过去。"那么在这极其有限的时间里，我们应该做些什么，才能算是没有白白地来到这个世界上一趟呢？东晋著名田园诗人陶渊明写过一首诗，诗中这样说道："盛年不重来，一日难再晨。及时当勉励，岁月不待人。"面对光阴的流逝和生命的有限，我们应珍惜时间，热爱生命，努力学习，增加才干，为这个世界创造更多的价值。

生命是有限的，但如果你为这个世界创造了价值，那么即使你离开了这个"旅舍",你所创造的价值依然存在于天地间,依然可以为他人服务,不就意味着你的生命还在延续吗?这也就是说,只有不断丰富我们的人生,为社会创造价值,才能使我们的生命永恒。

孔子在川观水

吾生须臾

吾与子渔樵①于江渚②之上,侣鱼虾而友麋鹿③,驾一叶之扁舟,举匏樽④以相属⑤。寄蜉蝣⑥于天地,渺沧海之一粟⑦。哀吾生之须臾⑧,羡长江之无穷。挟飞仙以遨游,抱明月而长终。知不可乎骤得⑨,托遗响⑩于悲风。

苏轼《赤壁赋》

注解

① 渔樵:捕鱼砍柴。
② 渚:江中小洲。
③ 侣鱼虾而友麋鹿:以鱼虾为伴,与麋鹿为友。
④ 匏(páo)樽:用葫芦做成的酒器。
⑤ 属:通"嘱",此处指劝人饮酒。
⑥ 蜉蝣:一种小飞虫,夏秋季节交替的时候生在水边,生存的时间很短,古人说它朝生暮死。此处比喻人生短促。
⑦ 一粟:一颗谷粒。
⑧ 须臾(yú):片刻。指时间短暂。
⑨ 骤得:数得,屡次得到。
⑩ 遗响:余音,此处指前文所提的箫声。

听老师讲

功绩长存的苏轼

这段选文的意思是：我同你在江中和沙洲上捕鱼打柴，以鱼虾为伴，与麋鹿为友，驾着一叶小舟，在这里举杯互相劝酒。我们只是像蜉蝣一样寄生在天地之间，渺小得像大海中的一颗谷粒。哀叹我们生命的短暂，而羡慕长江的流水无穷无尽。希望同仙人一起遨游，与明月一起长存。我知道这是不容易得到的，因而只能把箫声的余音寄托给这悲凉的秋风。

北宋著名文人苏轼在《赤壁赋》中借与他交谈的一

苏轼《寒食帖》手迹

个虚拟的"客人"之口,道出了自己内心的波澜。这段选文是"客人"说的话。

古往今来,生命的短暂与个体的渺小,都是深深困惑人们的问题。苏轼的《赤壁赋》之所以感人至深,正是因为它道出了这种困惑。从一方面来讲,人当然比蜉蝣活得长得多,蜉蝣是"朝生暮死"的动物,生命只能维持一天,人却可以活上好几十年。但是,相对于一个更加长远的时间概念,比如说,一千万年,这几十年不是同样可以忽略不计吗?在这样的时间长河中,人的短短几十年的生命,确实只能算得上是"须臾"了。从另一方面来讲,滔滔江水永不断绝,神仙可以随意地遨游于天地之间,月亮虽然有阴晴圆缺,但总能悬挂在空中,相比之下,人不是神仙,也没法像月亮一样圆了又缺,缺了又圆,周而复始地变化,更没法像江水那样无穷无尽。写长江、飞仙和明月的无穷、永恒,实际上是从反面写出了人生的短暂和渺小。

但我们是不是知道了人生的短暂,就应该"托遗响于悲风",表现得如此悲观和消沉呢?当然不是。苏轼知道生命有限、人生苦短，但他同时认为，人如果做出了不朽的事业，生命就可以永恒。他不但这样想，也是这样做的。他在一生中曾到各地任职，每到一地，总是不遗余力地为当地老百姓做好事。现在杭州美丽的西湖，当年只是一个污浊的水塘，苏轼到了杭州以后，率领老百姓清除淤泥，修筑堤坝，种植草木，才使西湖旧貌换新颜，变成了今天这般美丽的模样。可以说，苏轼的生命与他治理西湖的功绩一样，是不朽的，是长存世间的。

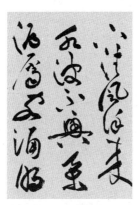

祝允明草书《赤壁赋》

死生大矣

夫人之相与①,俯仰一世②。或③取诸怀抱④,悟言⑤一室之内;或因寄所托⑥,放浪形骸之外⑦。虽趣舍万殊⑧,静躁不同,当其欣⑨于所遇,暂得⑩于己,快然自足⑪,不知老之将至。及其所之既倦⑫,情随事迁⑬,感慨系之矣。向之所欣,俯仰之间,已为陈迹⑭,犹不能不以之兴怀⑮,况修短随化⑯,终期于尽!古人云:"死生亦大矣。"岂不痛哉!

王羲之《兰亭集序》

注解

① 相与:相互交往。
② 俯仰一世:很快地过了一生。
③ 或:有人。
④ 取诸怀抱:从内心获得快乐。
⑤ 悟言:面对面地谈话。悟,通"晤",面对面。
⑥ 因寄所托:把内心的快乐寄托于外物。

⑦ 放浪形骸之外:行为放纵不羁,形体不受世俗礼法拘束。
⑧ 趣舍万殊:爱好差别很大。趣舍,即取舍,爱好。
⑨ 欣:欣喜,高兴。
⑩ 得:得意。
⑪ 快然自足:快乐,感到满足。
⑫ 所之既倦:对得到的东西已经感到厌倦。
⑬ 迁:改变。
⑭ 陈迹:旧的痕迹。
⑮ 兴怀:感念伤怀。
⑯ 修短随化:人生的长短没有定数。修,长。化,造化。

王羲之

听老师讲

反对享乐风气的王羲之

这段话的大意是：人们彼此交往，很快地一生就过去了。有的人喜欢反躬内省，满足于一室之内的晤谈；有的人则寄托于外物，生活狂放不羁。虽然他们或内或外，爱好差别很大，好静好动的性格各不相同，但当他们遇到可喜的事情，得意于一时，感到欣然自足时，竟然都会忘记衰老即将到来之事。等到对已获取的东西产生厌倦，感情随境况的变化而变化，又不免会引发无限的感慨。以往得到的欢欣，很快就成为历史的陈迹，人们对此尚且不能不为之感念伤怀，更何况人的一生长短取决于造化，而终究要归结于穷尽呢！古人说："死生是件大事。"这怎么能不让人痛心啊！

公元353年，东晋大书法家王羲之与友人谢安、孙绰等四十一人在兰亭雅集，饮酒赋诗，最后，王羲之将众人所作的诗编成《兰亭集》，并作了序，这就是著名的《兰亭集序》。如果说前面两篇诗文中，李白、苏轼都是从阔大的宇宙视角来看待万物在天地间的短暂、人类在天地间的渺小的话，王羲之在《兰亭集序》中的这段文字，则是切切实实从人生的历程来谈对于光阴、生命的感慨。

王羲之发出这样的感慨和当时的社会风气有关。当时社会上有些人认为，生和死没有什么大的分别，活上八百岁和刚生下来就死掉也没有什么区别，于是很多人就以此为借口，只顾享乐，不思进取。王羲之对这种风气非常反感。他认为，人生在世，应该珍惜生命。生命如此短暂，时间如此易逝，当一个人生活在享乐中，就很容易忘记时光的飞逝。当他蓦然回首，会发现自己已经老去，却仍一事无成，这实在是一种悲哀。

因此，虽然此文流露了伤感的情绪，实际上却有着积极的意义，王羲之是要提醒沉迷于享乐的人们：人生短暂，不要只顾享乐，忘记了生命的意义。在短暂的生命中，我们应该有更高的追求，那就是建功立业、创造价值、回报社会。如此一来，短暂的生命也会变得非常有意义，人们也不必因为美好事物和生命的消亡而过于悲伤了。

人生代代无穷已

江天一色无纤尘，

皎皎①空中孤月轮。

江畔②何人初见月？

江月何年初照人？

人生代代无穷已③，

江月年年只相似。

不知江月待何人，

但见④长江送流水。

张若虚《春江花月夜》

注解

① 皎皎：月亮洁白、明亮的样子。
② 江畔：江边。
③ 穷已：穷尽。
④ 但见：只见。

听老师讲

人类长河奔流不息

这首诗的大意是：江水、天空浑然一色，没有些许微尘，一轮明亮的孤月高悬空中。这江边上，是什么人最初见着了月亮？这江上的月亮，又是哪一年最初照耀了人？人类代代相继，无穷无尽；江上的月亮一年又一年，恒久地徘徊于夜空。不知那江上的月亮在等待何人，只见月光下，江水奔流远去，永不止息。

唐代诗人张若虚的这首《春江花月夜》被盛赞为"孤篇盖全唐"，一千多年来令无数人为之倾倒。本篇所选这一节，是全诗中表达生命感慨的一节。

在本篇之前的诗句中，张若虚用妙笔描绘了春江上潮水涨、明月升、花丛密的景象。于是，清澈澄明的景色引起了他的遐思，令他联想到了时光的流逝，联想到了人与月的过去与未来："这江边上，是什么人最初见着了月亮？这江上的月亮，又是哪一年最初照耀了人？"这种联想意境悠远，引人深思，很容易让人生出光阴易逝之感慨：时间永不止息，谁也无法穿越重重时光，去一瞥过去的人、当年的月。

然而，张若虚对于时光、宇宙的思索并没有停留在消极感慨上，他很快把思绪引向了更为开阔的境界，别开生面地吟出了境界开阔的诗句："人生代代无穷已，江月年年只相似。"个人的生命虽然短暂，人类的存在却能够绵延久长，代代无穷。作为个人，虽然我们无法得知明月的过去未来，但人类的世世代代可以陪伴永恒的

江上明月

明月，与它共存永生。

"不知江月待何人，但见长江送流水"，人生代代相继，江月年年如此。一轮孤月徘徊在空中，仿佛是等待着什么人。月光下，只有大江急流，奔腾远去。这滚滚奔涌的江流，正像是人类的生命长河，无穷无尽，奔腾不息。

在这首诗中，张若虚为我们展现了一个崭新的境界——关于生命的感伤让位给了对于生命的礼赞：时光虽然匆匆，人生虽然短促，但是人类的长河无穷无尽。作为长河的一分子，我们虽是一片浪花，却是不可或缺的。从整个长河来看，人类在宇宙中不是匆匆的过客，而是永恒宇宙中的一分子。